prato do dia

Festa

prato do dia

 ## Festa

receitas fáceis de
Tiça Magalhães

PAZ E TERRA

Foto: Sergio Pagano

2007 © Tiça Magalhães

Revisão
Cecília Madarás

Projeto gráfico e ilustrações
Miriam Lerner

Fotos
Sergio Pagano

CIP – BRASIL. – CATALOGAÇÃO-NA-FONTE
SINDICATO NACIONAL DOS EDITORES DE LIVROS, RJ

M-68p

Magalhães, Tiça, 1953-

Prato do dia – Festa / Tiça Magalhães, São Paulo: Paz e
Terra, 2007.

obra anterior: Prato do dia: receitas fáceis
ISBN 978-85-7753-044-1
Culinária. 2. Cardápios. I. Título

07-36631

CDD: 641.5
CDU: 641.5

Editora Paz e Terra S.A
Rua do Triunfo,177 – Sta. Ifigênia – São Paulo – 01212-010 – Brasil
Tel: (11) 3337-8399 – Fax: (11) 3223-6290
www.pazeterra.com.br
vendas@pazeterra.com.br

Índice

Drinks 11
Piña Colada 12
Morango Colada 13
Chi Chi 13
Mai Tai 14
Blue Hawaii 14
Tequila Sunrise 15
Margarita 15
Long Island Ice Tea 16
Fruit Punch 16
Kaluia Coffee 17
Irish Coffee 17
Sangria 18
Mimosa 18
Caipirinha de saquê com lichia 19
Açaí da Onda 19
Daiquri de melancia 20
Caipirinha de tangerina 20
Caipirinha Una lálá Bahia 21
Ponche com champagne 21

Canapés especiais para qualquer evento 23
Cebiche de peixe com tips de batata-doce 24
Tartar de atum 25
Tartar de salmão defumado 25
Palitinho de Caprese 26
Terrine de chester defumado 26
Frango Balinês saté 27
Mini Croque Monsieur 28
Mini Croque Madame 29
Mini Biju de queijo curado 29
Biju de camarão 30
Biju de carne seca 30
Vários mini sanduíches 31
Charutinho de frios 32
Charutinho de abobrinha 33
Palitinhos de frutas com chocolate 34
Brigadeiro de copinho 34

Ceia de Natal 35
Salada de bacalhau 36
Presunto, tender ou peru 37

Arroz selvagem incrementado 39
Farofa de maracujá 40
Purê de damasco 40
Torta de frutas com massa de chocolate 41
Rabanadas especiais 42

Ano-novo 43
Salada de lagostim ao gergelim 44
Arroz de pato 44
Chester ou tender com frutas 46
Bacalhau à moda antiga 47
Bacalhau à portuguesa 48
Torta de toucinho do céu 48
Pecan pie 49
Salada de frutas

Almoço de Páscoa 51
Quiche de bacalhau 52
Paupiette de linguado com arroz selvagem 53
Molho *Antiboise* 54
Mousseline de agrião 54

Pavê de chocolate com creme *anglaise* 55
Muitos ovos de páscoa!

Almoço de domingo – dia das mães 57
Cozido dos Deuses e Deusas 58
Profiteroles com sorvete 59

Almoço de domingo – dia dos pais 61
Consomé de camarão 62
Costelinhas de cordeiro ao pistache 63
Costeletas de cordeiro grelhadas ou carneiro assado 63
Batatas gratinadas com ervas 64
Legumes oriente 65
Cherne com hortelã e pimenta rosa sobre pupunhas grelhadas 65
Foie gras 66
Tarte Tartin 67

Jantar romântico 69
Sopa *Boullabaisse* 70
Camarão flambado 70
Arroz ao pesto de hortelã 71
Banana caramelizada com sorvete 71

Jantar para amigos que gostam de carne 73
Picadinho de carne com molho roti 74
Picadinho com molho de vinho tinto 75
Costelinha New Orleans 75
Batata Roesti 76
Bananas flambadas 77
Abacaxi grelhado 77
Carpaccio de abacaxi com calda de romã 78
Manjar de coco com calda de romã 78

Dia do vovô e da vovó 79
Creme de milho com Parma 80
Lombo de cordeiro ao vinho do Porto com couscous e amêndoas 81
Frango da fazenda com purê de maçã 82
Brócolis ao alho e óleo 82
Peras cozidas no vinho tinto 83
Crepe de maçã 83

Churrasco pra lá de chique – pra impressionar 85
Lagosta 86
Peixe 86
Camarão VG 86
Pupunha na brasa com molhinhos 86
Abacaxi e banana na brasa com sorvete 86
Batata ao murro 87
Salada verde com pupunha e lagosta 87
Torta de limão 88

Festa das massas para adolescentes 89
Lasanha de frango com catupiry e espinafre 90
Lasanha de carne moída 90
Lasanha de presunto com queijo 91
Penne com salmão defumado 91
Parafuso com molho pesto 92
Farfale com manteiga 92
Lasanha de frutas 93
Salame de chocolate 94
Festival de sorvetes!

3 jantares light para quem quer comemorar e está de dieta 95
Salada de brotos 96
Camarão ao curry 96
Compota de frutas 97

Sopa de Missô 98
Tirinhas de carne da Malásia 98
Nuvem de cenoura e milho 99
Pavê de morango diet 99

Suflê de salmão defumado (com minissalada verde) 100
Risotto de arroz sete cereais 100
Mousse de banana 101
Frutas flambadas 101

Almoço de domingo com sabor da Bahia 103
Lulas Búzios 104
Lulas grelhadas 104
Maionese de batata com lagosta 105
Moqueca de peixe, lula e camarão 105
Moqueca de camarão e pupunha 106

Arroz de polvo e brócolis 107
Queijadinha 108
Pudim de tapioca 108

Jantar mexicano para comemorar um bom aniversário 109
Tacos de frango 110
Salsa 110
Burritos de carne e frango 110
Feijão cremoso 111
Guacamole 111
Chili 111
Sour cream 112
Sobremesa mexicana 112

Jantar italiano 113
Salada Caprese 114
Linguini ao pesto de hortelã 114
Gnocchi 115
Frango mediterrâneo com aspargos frescos sauté 116
Torta de coco *Longhi's* 117
Creme Bavarian 118

Noite na Indonésia 119
Lula e polvo ao vinagrete 120
Nazi goreng de camarão 121
Panqueca de banana balinesa com mel 122
Black Rice Puding 122

Jantar vegetariano 123
Sopa de inhame ou aipim c/ agrião 124
Sopa de milho 126
Moqueca vegetariana 127
Espiritual de legumes 128
Quinoa com legumes 129
Legumes assados no forno 130
Beterraba cozida acre-doce 130
Curry de legumes com tofu 131
Torta de banana integral 132

Jantar com sabor da Tailândia 133
Camarão grelhado com legumes 134
Marinada de lula com leite de coco 135
Creme de manga com coco 136
Sobremesa tailandesa 136

Jantar japonês 137

Salada de lula grelhada com pepino
  acre-doce 138
Frango xadrez 139
Arroz colorido 139
Mousse de lichia 140
Caipirinha de saquê!

Café da manhã em dia de festa 141

Sucos maravilhosos 142
Pão de cereais 144
Pão de batata 146
Cream cheese 147
Financiers 147
Biscuit de savoie 148
Madeleines 148
Muffin de banana 149
Muffin de cenoura, coco e nozes 150
Massa de waffle 151

Festa junina com tudo o que tem direito 153

Churrasquinhos 154
Caldo verde 155

Cocada 156
Pé-de-moleque com rapadura 157
Pé-de-moleque gigante 157
Queijadinha 158
Curau de milho 158
Canjica de milho branco 159
Arroz-doce 160
Broa de milho 161
Bolo de mandioca com coco 162
Bolo de cenoura 163
Bolo de milho 164
Sorvete de milho 164
Bebidinhas deliciosas 165

Dicas

Todos esses almoços e jantares
  devem sempre ser servidos com
  uma boa salada verde, ou seja, com
  folhas diferentes:

Rúcula
Agrião
Alface-americana
Alface-crespa
Alface-frisée
Lolo rosa
Endívias
Radiccio
Hortelã
Ceboulette
Tomate cereja
Cebola-roxa

Escolha alguns desses itens que você
goste e prepare a salada com molho.

Molho balsâmico:
Vinagre balsâmico
Um pouco de mostarda Dijon
Sal
Mel para tirar a acidez

Sacuda bem e sirva.

Escolha e faça a sua festa!
Faça com amor e todos vão adorar!

drinks

Piña Colada

PARA: 2 PESSOAS

Faça uma *piña colada* e entre no clima "Aloha Spirit". Fui *bar-woman* no Havaí, onde tive o prazer de aprender a fazer esses drinks. Trabalhei dois anos no bar do Mauii Marriott Hotel. Fazia drinks gostosos e sempre enfeitados com uma orquídea ou pedaços de abacaxi com cereja, ou de laranja com cereja. O máximo!
Ah... *que saudades do Havaí!!!!*

Vamos lá!

Coloque num liquidificador:
2 doses de rum branco
1 1/2 xíc. de suco de abacaxi
1/2 xíc. de leite de coco
1/3 xíc. de suco de laranja
4 colheres de sopa de leite condensado
1 1/2 xíc. de gelo

Bata tudo e sirva em copos longos, com três pedras de gelo.

Enfeite com abacaxi e cereja:
corte a fatia de abacaxi em quatro partes. Pegue uma parte, faça um talho e coloque na borda do copo. Com um palito, prenda uma cereja ao abacaxi.

Morango Colada

PARA: 2 PESSOAS

É a mesma coisa que a *piña colada*, só que você acrescenta:

1 xíc. de suco de abacaxi forte
1 xíc. de morangos limpos
e o restante da receita.

No Havaí, este drink se chama *strawberry colada*.

Chi Chi

PARA: 2 PESSOAS

É igual à *piña colada*, só que você vai usar vodca no lugar do rum branco.

DRINKS 13

Mai Tai

PARA: 1 PESSOA

Pegue 1 copo e coloque:

pedras de gelo
2 dedos de suco de laranja concentrado
2 dedos de suco de abacaxi concentrado
1 dose de dark-rum (o amarelo)

Regue com 1 colher de sopa de groselha.

Mexa com canudo e enfeite o copo com uma rodelinha de laranja e uma cereja.

Blue Hawaii

PARA: 2 PESSOAS

1 xíc. de gelo
1/2 xíc. de suco de abacaxi
1 dose de vodca
1/2 xíc. de suco de laranja
3 colheres de sopa de leite de coco
1 dose de licor de curaçau
3 colheres de sopa de leite condensado ou
30 gotas de adoçante

Bata tudo no liquidificador.

Enfeitar!!!!!!

Tequila Sunrise

PARA: 1 PESSOA

1 copo com gelo
1 dose de tequila
1 xíc. de suco de laranja

Espalhe groselha por dentro do copo, como se fosse caramelado.

Enfeite com uma orquídea ou corte uma rodela de laranja e ponha duas cerejas espetadas com palito.

Margarita
de pitanga ou tangerina ou limão

PARA: 1 PESSOA (COPO LONGO)

Comece pelo suco:
1/2 xíc. de suco de pitanga ou de tangerina concentrado ou 1 xíc. de café de suco de limão

Junte:
1 dose de tequila
1/2 dose de Cointreau
1 xíc. de gelo picadinho
2 colheres de sobremesa de açúcar ou
25 gotas de adoçante

Bata tudo no liquidificador. Pegue um copo longo, passe limão na borda e vire de cabeça para baixo sobre um prato com sal, para colocar o sal na borda do copo; depois acrescente a margarita. Enfeite com uma rodela de limão e uma cereja.

DRINKS 15

Long Island Ice Tea

PARA: 1 PESSOA (COPO LONGO)

Coloque em um copo longo com cubos de gelo e uma rodela de limão:

1/2 xíc. de água com gás (100 ml)
1 xíc. de chá gelado forte
1 dose de vodca
15 a 20 gotas de adoçante ou açúcar a gosto

Enfeite o copo com uma rodela de limão e uma cereja espetada no palito.

Fruit Punch

PARA: 2 PESSOAS

Pegue uma jarra e misture:

1/2 xíc. de suco de goiaba
1/2 xíc. de suco de laranja
1/2 xíc. de suco de abacaxi
1/2 xíc. de suco de maracujá
2 xíc. de cubos de gelo
1/2 xíc. de café de groselha

Coloque os ingredientes aos poucos, mexa e prove.

Sirva com uma rodela de abacaxi; se quiser, adicione uma boa dose de rum por pessoa.

Kailua Coffee

PARA: 1 PESSOA

No inverno, ao sair do trabalho à noite, em Mauii, eu sempre tomava um Kailua Coffee. Bom para dançar ou namorar.

Pegue uma xícara de café quente e coloque:
1 dose de licor de Kailua
1 dose de Irish cream *Bailey's*
Cubra com *wipping-cream* e uma cereja. Adicione canela em pó e se você quiser adoce com um pouco de açúcar.

É muito bom!!!!!!!!!!!!!!!!!

Irish Coffee

PARA: 1 PESSOA

É parecido com o Kailua Coffee.

No lugar do licor de Kailua, você vai usar 1 dose de vodca e 1 dose do licor *Bailey's* junto com o café adoçado ou não (a gosto).

Cubra com *wipping-cream* e regue com um pouquinho do licor.

Sangria

PARA: 2 PESSOAS

Pegue 1 jarra e encha de gelo com:

1 xíc. de suco de laranja
3 xíc. de vinho tinto
1 colher de sopa de açúcar
1 maçã picadinha
1 xíc. de cubos de abacaxi

Mexa bem e sirva.

Mimosa

PARA: 1 PESSOA

Pegue 1 taça com champagne e junte 2 dedos de suco de laranja bem gelado.

Caipirinha de saquê com lichia

PARA: 1 PESSOA

É uma das frutas de que mais gosto. Em Bali, quando você passa de carro pela estrada para Ukupuku (montanhas), pega os cachos com as mãos e segue viagem comendo. Aqui no Brasil custa caro...

Em um copo com gelo, coloque:
1 dose de saquê
1/2 xíc. de lichia já descascada
açúcar ou adoçante a gosto.

Sacuda na coqueteleira ou mexa no copo e sirva.

Açaí da Onda

PARA: 2 PESSOAS

Pegue:

2 bananas maduras
4 polpas de açaí congeladas
1/2 xíc. de morangos
70 a 100 ml de xarope de guaraná
2 doses de vodca ou cachaça no capricho!

Bata com socador a polpa congelada de açaí e, depois no liquidificador.

Alimenta e dá a maior onda...

Sirva com granolas.

Fica igual ao do "Pepê", só que nas alturas...

Daiquiri de melancia

PARA: 1 PESSOA

Porre Gracie!

Pegue 1 copo de suco de melancia.
Acrescente 1 dose de vodca e cubos de gelo.
Mexa e pronto!

É supimpa!!!!!!!!!!!!!!!!!!!!!!!

Caipirinha de tangerina
Para um jantar romântico ou churrasco

PARA: 2 PESSOAS (OU A GOSTO)

Coloque num copo ou jarra:

2 doses de vodca
1 xíc. de suco de tangerina natural ou concentrado
2 colheres de sopa de gengibre ralado
3 colheres de sopa de mel
2 xíc. de gelo

Bata tudo no liquidificador ou sacuda bem e sirva.

Caipirinha Una lálá Bahia!

PARA: 2 PESSOAS

Coloque num copo ou jarra:

2 boas doses de vodca ou cachaça
1/2 xíc. de suco de maracujá (fruta ou suco concentrado)
100 ml de leite de coco
2 colheres de sopa de coco ralado
açúcar, leite condensado ou adoçante a gosto
2 xíc. de gelo

Bata tudo no liquidificador ou sacuda bem e sirva.

Ponche de champagne
Para festas de final de ano

Coloque numa jarra:

1 litro de champagne
300 ml de suco de laranja
1 xíc. de pêssegos em calda picadinhos
1 xíc. de cerejas frescas
1 xíc. de abacaxi fresco picadinho
romã (1 fruta: os carocinhos com o caldo da fruta)
2 xíc. de gelo
1/2 xíc. de folhas de hortelã
açúcar a gosto

Sacuda tudo muito bem e sirva.

canapés especiais
para qualquer evento

Cebiche de peixe com tips de batata-doce

PARA: 6 PESSOAS

3 xíc. de cubinhos de peixe (linguado, robalo, cherne ou outro, sempre de carne branca)
suco de limão, o suficiente para cobrir o peixe.
2 pimentas dedo-de-moça picadinhas sem semente
1/2 xíc. de coentro picadinho
sal
1 cebola-roxa
1 tomate
1/2 kg de batata-doce
óleo para fritar

Deixe marinar por 1 a 2 horas na geladeira. Se você cortar em cubinhos bem pequenos, o peixe vai cozinhar mais rápido no suco do limão, 30 minutos no máximo.

Prove e veja se está bom.

Retire o suco e sirva o cebiche com cebola-roxa, tomate e coentro picadinho.

Coloque-o sobre rodelas de batata-doce frita.

Tartar de atum

PARA: 6 PESSOAS

3 xíc. de cubinhos de atum
2 pimentas dedo-de-moça
1 limão siciliano
1/2 xíc. de molho de soja com gengibre
gergelim
folhas de aipo
abacate

Misture o peixe com o molho de soja, a pimenta picadinha sem semente, folhas de aipo picadinha, raspas da casca do limão e o suco da metade do limão e deixe por 10 min. na geladeira.

Coloque o atum sobre os cubinhos do abacate e salpique gergelim por cima na hora de servir.

Tartar de salmão defumado
com manga, pepino japonês, aneto, pimenta-rosa e limão no copinho de cachaça

PARA: 6 PESSOAS

3 xíc. de pedacinhos de salmão defumado
1 manga adem em cubinhos
1 pepino japonês picadinho
1 limão siciliano (raspas da casca + suco de 1/2 limão)
2 colheres de sopa de pimenta-rosa amassada
aneto, ceboulette e sal a gosto.

Misture tudo e leve à geladeira por 20 a 30 min.

Palitinho de Caprese

PARA: 6 PESSOAS

Palito

mussarela de búfala pequena (cortar ao meio)

tomate cereja (cortar ao meio)

azeitona preta sem caroço (cortar ao meio)

folhinhas de rúcula

Molho Pesto

2 xíc. de folhas de manjericão

1 dente de alho

1/2 xíc. de azeite

1/2 xíc. de parmesão

10 castanhas-do-pará

1 colher de chá de sal

Bata tudo no liquidificador.

Coloque o molho no fundo de um copinho e

monte o palito com cada item da receita.

Se der, repita os itens.

Terrine de chester defumado

PARA: 6 PESSOAS

300 g de fatias de chester

pão de forma sem casca

geléia de damasco

Pastinha

2 copos de requeijão

1 xíc. de cenoura ralada

100 g de passas brancas

1/2 xíc de castanhas ou nozes

salsinha

Pegue uma forma de pão e forre com papel filme
e, depois, com fatias de chester. Coloque o pão e a
geléia sobre a fatia do pão. Agora a pastinha e
algumas fatias de chester + pão com a geléia +
a pastinha + chester e faça as camadas até onde
der na sua forma. Feche com fatias do chester.
Passe papel filme e geladeira por 2 horas.
Desenforme e sirva.

Frango Balinês saté
(molho de amendoim meio picante)

Sirva com ou sem abacaxi grelhado no palitinho e todos fincados em volta do abacaxi, igual a uma torre.

1 abacaxi
1/2 kg de cubos de frango
1/2 xíc. de molho de soja

Molho saté
8 a 10 paçocas
1 dente de alho
1 pimenta dedo-de-moça
2 colheres de sopa de suco de gengibre
70 ml de molho de soja
30 ml de água
óleo

Coloque o frango com molho de soja para marinar, por 10 min., e depois grelhe.

Misture o frango no molho saté.

Agora grelhe as fatias de abacaxi e depois corte em pequenos triângulos.

Faça palitinhos com frango e abacaxi e espete na casca do abacaxi.

Mini Croque Monsieur *de presunto e queijo emental*

pão de forma
300 g de presunto Hans
300 g de queijo emental
100 g de parmesão para salpicar

Molho branco
1 xíc. de leite
1 colher de sopa de farinha de trigo
1 colher de sopa de mostarda Dijon
1/2 cebola ralada
1 gema coada
noz-moscada, sal e pimenta em pó
manteiga

Dilua a farinha no leite e junte a cebola ralada, a mostarda, sal, noz-moscada, pimenta e 1 gema coada. Leve para engrossar no fogo.

Faça um misto, passe manteiga e leve para dourar os 2 lados na frigideira.

Jogue um pouco do molho por cima, salpique parmesão e leve para gratinar 2 min. até dourar.

Mini Croque Madame

pão de forma
300 g de salame
300 g de queijo provolone
200 g de tomate seco

Do mesmo jeito que o mini croque Monsieur.
Só muda o recheio.

Mini Biju de queijo curado

biju
300 g de queijo curado ralado
1 colher de sopa de manteiga

Misture a manteiga com queijo curado ralado, coloque sobre o biju e leve ao forno.

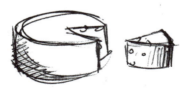

CANAPÉS 29

Biju de camarão

biju
1/2 kg de camarão médio (limpos)
1 cebola e 1 tomate picados
1 dente de alho socado
coentro
azeite, sal e pimenta branca em pó
100 ml de vinho branco
1 bisnaga de catupiry

Refogue: azeite, alho e cebola por 2 min, depois os tomates e mexa por 2 min.

Agora coloque os camarões, vinho, coentro, sal e pimenta e mexa por 3 min.

Coloque o catupiry e mexa por 3 min.

Sirva sobre os bijus.

Biju de carne seca

biju
1/2 kg de carne seca dessalgada, cozida e desfiada
1 cebola
salsinha
1 bisnaga de catupiry

Deixe a carne seca de molho na geladeira 12hs, da noite para o dia. Dê 2 fervuras trocando a água sempre. Na terceira fervura deixe a carne cozinhar por 90 min.

Deixe a carne esfriar e desfie ela toda.

Refogue a cebola com um pouco de óleo por 3 min., acrescente a carne seca e mexa uns 5 min. Agora coloque 1 xíc. de salsinha picadinha e misture.

Coloque sobre o biju, e por cima tirinhas de catupiry e deixe gratinar 2 minutos no forno.

Vários mini sanduíches

Pão Libanês preto com Parma
Passe cream cheese no pão e coloque:
fatias de Parma assado
pedacinhos de figo Rami
folhinhas de rúcula

Pão Libanês preto com patê de salmão
Misture e coloque sobre o pão cortado em quadradinhos:
100 g de salmão defumado amassadinho com garfo
1 pote de cream cheese
1/2 xíc. de salsinha e ceboulette
1/2 xíc. de nozes picadinhas
raspinhas da casca de 1/2 limão siciliano

Mini Chiabatta com tuna melt
pão aquecido por 3 min.
2 latas de atum sem óleo com água
1/2 cebola picadinha
1/2 pimentão amarelo e 1/2 vermelho picadinho
1/2 xíc. de pepino em conserva picadinho
1/2 xíc. de requeijão

Misture tudo e coloque sobre a chiabatta.
Coloque queijo emental por cima e leve ao forno por 2 min. para gratinar.

Mini Chiabatta com cogumelos
pão torradinho
1 cebola
1 bandeja de shiitake
1 bandeja de cogumelos
1 colher de sopa de manteiga

1 colher de sopa de mostarda Dijon
100 ml de vinho branco
30 ml de molho de soja
sal e pimenta

Refogue a cebola com manteiga por 2 min.
Coloque o resto da receita e mexa por 5 min.
Coloque sobre a chiabatta.

Cubra com tiras de queijo Brie e deixe gratinar no forno. Sirva com lolo rosa ou alface frisée.

Charutinho de frios

Fatias de presunto de Parma, blanquet ou chester.

Recheio
1 xíc. de ricota
1 pote de requeijão
3 colheres de sopa de geléia de damasco
1/2 xíc. de nozes picadas
ceboulette

Misture tudo e enrole com as fatias de frios.

Charutinho de abobrinha

(com pastinha de ricota, tomate seco, azeitona preta, servido no azeite de manjericão e alho)

18 fatias finas de abobrinha

Grelhe no azeite os 2 lados. Seque no papel toalha.

Recheio
2 xíc. de ricota ralada
1/2 xíc. de tomate seco picado
100 g de azeitona preta picadinha
1/2 pote de requeijão
1 dente de alho socado
1 colher de chá de sal
folhas de manjericão

Misture tudo. Depois é só enrolar as fatias de abobrinha igual um charutinho.

Molho
200 ml de azeite
2 xíc. de folhas de manjericão
2 dentes de alho
sal

Bata tudo no liquidificador e regue os charutinhos.

Palitinhos de frutas cobertos de chocolate

Coloque numa bandeja de vidro uvas, bananas e morangos.

Faça a calda de chocolate:
derreta 400 g de chocolate ao leite ralado em banho-maria.

Pegue as frutas no palito e passe sobre a calda quente.

Depois deixe esfriar sobre um prato untado com um pouco de manteiga sem sal. Pode também gelar por 15 min. Sirva.

Brigadeiro (servido no copinho de licor com colherzinha de café)

Chocolate
2 latas de leite condensado
1 xíc. de achocolatado em pó
1 colher de chá de manteiga sem sal

Leve ao fogo e mexa até soltar do fundo da panela.

Sirva dentro do copinho com colherzinha de café ou de plástico pequenina.

Brigadeiro branco com nozes
2 latas de leite condensado
100 g de nozes trituradas
1 colher de chá de manteiga sem sal

Leve ao fogo, mexendo sem parar até soltar do fundo da panela.

ceia de Natal

Salada de bacalhau

1/2 kg de bacalhau limpo e dessalgado
2 xíc. de lentilhas cozidas
1 cebola picadinha
2 alhos-porós em rodelinhas
1 pimentão vermelho
1 xíc. de uvas verdes sem caroço (partidas ao meio)
1/2 xíc. de bacon picadinho
azeite e vinagre
salsinha

Deixe o bacalhau de molho na geladeira por 12 horas e depois troque a água, dando uma fervura três vezes, sempre trocando de água. Prove e veja se dessalgou. Desfie e separe.

Cozinhe as lentilhas com água e louro ou um bom caldo; é rápido, fique de olho, separe.

Refogue com o mínimo de azeite o bacon picadinho, por 3 min. e coloque a cebola, o alho-poró, o pimentão, e mexa por mais 3 min. Acrescente agora o bacalhau, a lentilha e as uvas. Salpique salsinha e regue com azeite e vinagre. Sal e pimenta a gosto.

Leve para geladeira até servir a ceia.

Presunto, tender ou peru

tender ou peru de 1 1/2 kg
200 g de presunto de Parma fatiado
1 abacaxi
1 vidro de geléia de hortelã
150 g de pistache
1/2 litro de vinho branco
100 g de manteiga
1 cebola
8 cravos
alecrim
hortelã

Leia as instruções do fornecedor do tender ou do peru. Tender não precisa marinar.

Tender

Primeiro faça alguns cortes em forma de losango sobre o tender, pegue o parma e coloque as fatias em volta dele prendendo com os cravos.

Passe um pouco de manteiga em volta e suco de abacaxi natural.

Cubra com papel de alumínio por 25 min. e leve ao forno. Depois retire, dê uma boa regada no tender e volte ao forno sem o papel por mais 30 min., até dourá-lo.

Retire do forno e, quando esfriar, é só fatiar. Separe a forma para fazer nela o molho.

Peru

Marine o peru de um dia para o outro coberto de vinho branco, alecrim, louro, cebola ralada e sal.

Pegue o peru e cubra-o com fatias de parma ou bacon, e prenda com cravos.

Bata a metade do abacaxi com 1 xíc. de vinho branco e um pedaço de cebola, folhas de hortelã e um pouco de alecrim e sal. Passe tudo em volta do peru.

Depois passe um pouco de manteiga em volta, cubra-o com uma folha de papel alumínio e leve para assar durante 40 min.

Regue-o de 20 em 20 min. Ele demora umas 2 horas para assar; fique de olho! Leia as instruções na embalagem do fornecedor.

Depois é só fatiar e fazer o molho na própria forma.

Molho de hortelã com abacaxi e pistache

Pegue a forma que você assou e regue-a com 1/2 xíc. de vinho branco; coloque também 2 colheres de sopa de manteiga.

Mexa para soltar tudo da forma e começar o molho.

Agora passe tudo numa peneira ou chenoise. Em uma outra frigideira, acrescente 5 colheres de sopa de geléia de hortelã e 3 xíc. de abacaxi picadinho.

Leve ao fogo até começar a caramelar e acrescente o pistache picado ao meio, prove o sal e corrija. Se precisar afinar o molho, regue com vinho e um pouco mais da manteiga.

Dica:
se quiser, pode rechear o peru com pêssego, maçã, uvas-passas, nozes e farofa torrada.

Arroz selvagem incrementado

1/2 kg arroz branco
1/2 kg arroz selvagem
2 pistilos de açafrão
50 g de coco ralado
5 bananas em rodelinhas fritas em separado
100 g de uvas-passas brancas
1 cebola
50 g de manteiga
ceboulette
50 ml de vinho branco
sal

Cozinhe o arroz branco em separado. Refogue com manteiga, cebola e vinho branco; depois coloque água, açafrão e sal; cozinhe por 10 min. e prove.

Cozinhe o arroz selvagem com água, casca da laranja, um ramo de alecrim e sal, por uns 15 a 20 min. Prove de vez em quando.

Agora passe as passas na manteiga, misture o arroz, o coco ralado, a banana frita e as ceboulettes picadinhas. Está pronto!

Farofa de maracujá

2 xíc. de farinha torrada
3 colheres de sopa de manteiga
1 maracujá

Derreta a manteiga, junte a farinha e mexa sem parar no fogo baixo por 8 min. Depois coloque o suco do maracujá, sal e mexa por mais 5 min. Prove e veja se está bem torradinha.

Purê de damasco

700 g de damasco picadinho
1 1/2 xíc. de água
1 batata grande picadinha
50 g de manteiga
1 colher de mel
sal

Cozinhe o damasco e a batata juntos, depois bata no liquidificador com 1 xíc. de água do cozimento.

Leve a uma panela com a manteiga e mexa até virar um creme. Coloque o mel e uma pitada de sal.

Torta de frutas com massa de chocolate

Massa
250 g de farinha de trigo
50 g de chocolate em pó
70 g de açúcar
170 g de manteiga sem sal bem mole

Recheio
2 latas de leite condensado
300 ml de suco de maracujá em garrafa ou
suco de 2 limões
1 caixa de morango, 1 caixa de cereja, 1 xíc. de pêssego,
1 xíc. de manga, 1 xíc. de kiwi.

Preparo da massa
Misture tudo e leve para gelar por 30 min.; depois é só abrir e colocar na forma de aro móvel.

Leve ao forno 180° por 20 min. e fique de olho!
Leve para gelar por 1 hora para depois rechear.

Preparo do recheio
Misture o leite condensado com o suco de maracujá e cubra a massa. Decore com as frutas em pedacinhos.

CEIA DE NATAL

Rabanadas especiais

pão dormido, bisnaguinhas
1 litro de leite
ovos
nozes
bananas-passas ou damascos
óleo para fritar
sorvete de creme

Deixe os pãezinhos 2 dias em um saco fechado.

Corte em pedaços de 2 cm, passe-os no leite e depois nos ovos batidos. Não deixe encharcar; retire o excesso (com o garfo fica mais fácil).

Leve para fritar numa panela com muito óleo. Depois seque com papel toalha.

Com as rabanadas ainda mornas, faça um furinho no meio delas para rechear com pedacinhos de nozes, bananas-passas e damascos ou chocolate.

Cubra com açúcar e, na hora de servir, jogue calda de cereja e sorvete de creme para acompanhar.

Calda de cereja
2 xíc. de cerejas picadinhas
1 xíc. de vinho tinto
1/2 xíc. de açúcar
6 colheres de sopa de geléia de cereja

Leve ao fogo baixo por 20 min., até caramelar.

ano-novo

Salada de lagostim ao gergelim

16 unidades de lagostim limpas, sem casca

Tempere com sal, pimenta e azeite.

Passe no gergelim preto e branco misturados, nos dois lados e pontas do lagostim.

Unte um tabuleiro com azeite e leve os lagostins no forno 180°, por 12 min. Prove.

Sirva sobre folhas de alface-americana, rúcula, lolo rosa, radiccio, cebolinha e tomates em cubinhos.

Molho

azeite, vinagre balsâmico, limão e sal.

Arroz de pato

3 kg de pato
1 chouriço ou calabresa sem a pele (corte em lâminas finas, doure por 2 min. no azeite de oliva e separe)

400 g de bacon em cubinhos
5 dentes de alho fatiados
1 cebola grande picada
1 maço de salsinha com os talos
6 cravos-da-índia e 6 folhas de louro
700 g de arroz
2 litros de caldo de legumes
450 ml de vinho tinto seco
sal e pimenta-do-reino moída na hora

Limpe o pato e corte-o em pedaços.

Corte o chouriço ou calabresa em rodelas finas. Refogue numa panela grande com um pouco de

azeite de oliva o bacon em cubinhos, o pato, o alho laminado, a cebola picadinha, louro; mexa por uns 5 min.

Acrescente o vinho e deixe evaporar um pouco; depois coloque os cravos e o caldo de legumes.
Deixe cozinhar na panela de pressão por 50 min. (ou na panela comum, por 1 hora e 40 min.) e retire a espuma que se forma na superfície.

Quando o pato estiver macio é só desfiá-lo e jogar as peles e os ossos fora.

Pegue o caldo e coe; depois pegue uma folha dobrada de papel toalha e coloque no caldo para retirar o excesso de gordura.

Agora coloque o caldo e o sal no arroz, e deixe cozinhar até quase ficar no ponto. Aí você junta o pato desfiado e a metade das rodelas de chouriço, coloque num refratário e leve ao forno por 15 min. Se o arroz estiver seco é só acrescentar um pouco do caldo.

Enfeite com rodelas de chouriço e cebolinha verde. Sirva imediatamente com os figos assados em volta do prato e folhas de hortelã.

Dá até para 8 pessoas.

Figos assados com balsâmico e mel

Corte os figos ao meio e coloque 5 gotas de vinagre balsâmico e 5 de mel.

Leve ao forno por 10 a 15 min.

ANO-NOVO 45

Chester ou tender com frutas

Chester com abacaxi, pêssego em calda e vinho

2 1/2 kg de chester ou tender sem osso
3 copos de vinho branco seco
10 cravos-da-índia
1 lata de abacaxi e 1 lata de pêssego em calda
1 copo de Cointreau ou licor de tangerina
sal e pimenta branca
120 g de manteiga

Para rechear o chester:

3 maçãs picadas grandes
70 g de figos secos
100 g de nozes e amêndoas picadas
25 g de manteiga
Misture tudo isto para o recheio.

Recheie o chester com os itens acima e, para não sair o recheio, tampe com meia maçã (corte-a como se fosse uma tampa grossa e use o restante para rechear).

Não é preciso rechear o tender, só marinar e assar.

Despeje o vinho, o licor, o sal e a pimenta sobre o chester, deixe marinar por 8 horas (se for o tender, só por 3 h).

Dê alguns cortes, como um jogo da velha. Agora retire um pouco da pele (tanto do chester como do tender), deixando a gordura. Passe manteiga, enfie os cravos em volta. Leve ao forno (50 min. se for o chester, e 30 min. se for o tender) coberto com papel alumínio e regue de vez em quando. Retire o papel alumínio e coloque os pêssegos e o abacaxi presos com palitinho em volta e regue com 1 lata de calda. Leve ao forno por mais 45 min. se for o chester, se for o tender, por 30 min., até dourar bem.

Na hora de servir, retire os palitos e os cravos, fatie-o um pouco e enfeite com fios de ovos e castanhas portuguesas cozidas, cerejas, amêndoas, nozes e damascos.

Sirva com um bom arroz selvagem ou de amêndoas e uma boa farofa com banana frita, ovos, passas e salsinha.

Bacalhau do restaurante Antiquarius
À moda antiga

4 postas de bacalhau, cada lombo de 250 g
1 1/2 litro de leite
6 batatas sem casca, cortadas em fatias médias
6 cebolas em rodelas
5 dentes de alho cortados em lâminas finas
1 litro de azeite de oliva
sal e pimenta, se necessário

Deixe o bacalhau de molho por 24 horas, trocando a água e colocando na geladeira.

Agora coloque-o numa panela e cozinhe no leite, por 5 a 10 min., depende do lombo do bacalhau. Depois escorra o leite e passe na água fria.

Forre um refratário com azeite, batatas, cebola, alho e disponha os lombos do bacalhau por cima. Prove e veja se precisa de um pouco de sal e pimenta branca moída.

Cubra com azeite e leve ao forno até as batatas cozinharem.

Se gostar, acrescente pedaços de brócolis pré-cozidos no refratário do bacalhau, no final, e leve ao forno por mais 6 min. regando com azeite do próprio refratário.

Sirva as postas com as cebolas, as batatas douradas e o brócolis ao lado do bacalhau, e de uma regada final com azeite.

ANO-NOVO 47

Bacalhau à portuguesa

Pegue 2 xíc. de bacalhau em lascas dessalgado.

Refogue com azeite 3 dentes de alho e 1 cebola em lâminas finas. Mexa por 2 min.
Coloque 2 tomates em rodelas finas e 1 xíc. de pimentão em lâminas finas e mexa por 2 min.
Agora coloque o bacalhau e um pouco de azeitonas pretas e mexa por 2 min.; se precisar, regue com mais azeite.

Misture ao bacalhau 1/2 xíc. de salsinha e cebolinha. Despeje num pirex e cubra com pedaços de ovos cozidos e parmesão.
Salpique mais azeite e leve ao forno por 15 min.

Dica:
Se gostar, coloque 2 colheres de sopa de alcaparras.

Sirva com arroz branco ou de açafrão.

Torta de toucinho do céu

500 g de açúcar
200 ml de água

Leve ao fogo até ferver, e acrescente:
6 ovos batidos e 9 gemas coadas, mexendo sem parar.

Depois coloque:
250 g de amêndoas ou castanha-do-pará moídas
200 g de maisena peneirada

Mexa sem parar até engrossar.

Coloque numa forma untada, com papel manteiga untado, e leve ao forno a 180°, por 30 min., até dourar por cima e o meio ficar durinho.

Depois é só desenformar ainda morna e, na hora de servir, cobrir com açúcar de confeiteiro.

Pecan pie

PARA: 6 PESSOAS

Massa
1 xíc. de farinha de trigo
1/3 de xíc. de açúcar
120 g de manteiga
1 colher de chá de baunilha
2 colheres de sopa de água fria

Recheio
Misture bem até virar um creme:
2/3 de xíc. de açúcar
2/3 de xíc. de mel
2 colheres de sopa de manteiga derretida
4 ovos
1 xíc. de noz pecan
açúcar de confeiteiro para polvilhar.

Primeira parte
Gele a massa por 30 min.; retire e abra a massa, coloque numa forma e leve para gelar por mais 10 min.

Segunda parte
Leve a massa para assar por 12 min.

Depois coloque as pecans picadinhas no fundo da forma, e o creme por cima.

Leve ao forno a 200°, por 30 min., até dourar.

Depois de fria, cubra com pecans em volta e um pouco de açúcar de confeiteiro.

ANO-NOVO 49

almoço de Páscoa

Quiche de bacalhau

Massa
400 g de farinha de trigo
200 g de manteiga
30 g de queijo parmesão ralado

Recheio
300 g de bacalhau dessalgado por 48 horas, fervido
e desfiado
1/2 pimentão vermelho ou amarelo em cubinhos
1 cebola cortada em lâminas
1 bandeja de aspargos frescos
2 colheres de sopa de tomate em cubos, sem pele e sem
semente
100 ml de vinho branco
150 ml de azeite

Molho béchamel
300 ml de leite
2 colheres de sopa de farinha de trigo

noz-moscada
sal
pimenta

Mexa tudo até começar a engrossar.

Creme
4 ovos grandes ou 6 pequenos
550 ml de creme de leite fresco
100 g de queijo parmesão
1 colher de chá de sal

Misture tudo muito bem. Reserve.

Preparo
Misture os ingredientes da massa. Forre a forma e leve
à geladeira.

Retire a ponta de baixo dos aspargos e as fibras em volta. Corte em rodelinhas.

Refogue a cebola com o azeite, acrescente o pimentão e o tomate. Misture bem e coloque os aspargos e o bacalhau. Regue com o vinho branco e mexa bem por 5 min.

Coloque o molho béchamel no refogado do bacalhau. Misture bem e coloque na forma.

Por último, acrescente o creme reservado e leve ao forno pré-aquecido a 180°. Leva 35 min., se a forma for baixa. Se for alta, leva de 50 a 55 min.

Paupiette de linguado

900 g de linguado
12 camarões VG
12 espetos de churrasco (molhe em água para não queimar)
200 ml de azeite
500 ml de fumet de peixe
500 ml de caldo de camarão, de peixe ou de ervas
150 g de arroz selvagem + 250 g de arroz branco
papel laminado

Limpe o camarão deixando o rabo. Coloque no espeto no sentido do comprimento, no meio. Cozinhe por 3 min. no caldo temperado.

Limpe o linguado, dividindo ao meio no sentido. Enrole em volta do camarão. Retire o espeto.

Em um tabuleiro, regue com azeite, coloque os peixes, cubra com o caldo e cozinhe por aprox. 5 min. em forno médio, com papel laminado por cima. Retire o papel e deixe por mais 3 min.

Molho *Antiboise*

3 tomates grandes, sem pele e sem sementes
500 ml de azeite
suco de 1 limão coado
3 colheres de sopa de coentro fresco ou 1 colher de
sopa de coentro em grão
3 colheres de sopa de mix de ervas (sálvia, alecrim
e tomilho)
sal e pimenta-do-reino a gosto

Em uma panela misture o azeite com o tomate,
mexa bem e acrescente as ervas e o suco de limão.
Tempere com o sal e a pimenta.

Dica:

Coloque o peixe no prato, jogue um pouco do
molho por cima e sirva com a mousseline e um
pouco de arroz.

Mousseline de agrião

150 ml de leite
150 g de agrião
3 ovos
manteiga (somente para untar as formas)
sal, pimenta e noz-moscada a gosto

"Blanchir" as folhas do agrião (um choque na
água quente e em seguida um choque na água
com gelo).

Bata com os demais ingredientes. Reserve e retire
a espuma.

Coloque em forma untada.

Leve ao forno, em banho-maria, por
aproximadamente 20 min.

Retire, deixe esfriar um pouco e coloque no prato
com o peixe.

Pavê de chocolate com creme *anglaise*

Pavê

400 g de chocolate meio amargo em barra

100 ml de leite

200 g de manteiga sem sal

200 g + 40 g de açúcar

300 g de chocolate granulado

5 gemas

1 garrafa de água com gás (pequena)

a metade da medida da água, de vinho branco

1 caixa de biscoito *champagne*

azeite para untar

papel manteiga

Creme *anglaise*

400 ml de leite

400 ml de creme de leite

300 g de açúcar

1/2 fava de baunilha (opcional)

8 gemas médias

Preparo do pavê

Derreta o chocolate junto com o leite em banho-maria. Coloque o açúcar (200g), a manteiga e as gemas para bater até a mistura ficar bem clara.

Acrescente o chocolate derretido e misture levemente. Coloque a água, o vinho e o restante do açúcar, misture e molhe os biscoitos, um a um, para não desmanchar.

Forre uma forma de pão ou patê com o papel manteiga e unte com o azeite.

Coloque uma camada do chocolate, alternando com o biscoito e terminando com o chocolate.

Gele muito bem, de preferência em freezer. Desenforme
e cubra com o chocolate granulado.

Preparo do creme *anglaise*
Coloque o creme e o leite para ferver.
Bata o açúcar com as gemas e a fava, até ficar bem claro.
Jogue o leite fervido em cima da mistura das gemas.
Mexa tudo e leve ao fogo brando até encorpar.
Peneire e deixe esfriar com uma cuba com gelo por
baixo, mexendo sem parar.

dia das mães

Cozido dos Deuses e Deusas

PARA: 8 PESSOAS

Deixe estas 3 carnes de molho na água, por 24 horas,
trocando a água 3 vezes para dessalgar:
500 g de carne seca
500 g de costelinha de porco
500 g de lombo de porco

250 g de paio sem a pele
250 g de lingüiça calabresa: picar sem a pele
300 g de músculo picadinho

Cozinhe as carnes dessalgadas com 1 1/2 litro de caldo
de legumes, por uns 20 min.

Quando ficar macia, coloque o músculo e as lingüiças
por mais uns 20 min.

Agora separe as carnes em outro prato e comece a
cozinhar os legumes nesse mesmo caldo:
3 batatas-doces
3 batatas inglesas
3 pedaços de aipim
3 cebolas
1/2 repolho
1/4 de abóbora em pedaços
1/2 maço de brócolis
1 maço couve

Coloque mais caldo se precisar.
No final cozinhe bananas nesse caldo.

Dica:

Se quiser, faça um pirão em separado com este caldo:
doure a farinha na manteiga e depois vá acrescentando
o caldo aos pouquinhos, mexendo sem parar até
engrossar, ok?

Agora, também em em separado, cozinhe: espigas de milho e 4 ovos.

Coloque tudo separado do cozido num recipiente: um para as carnes, outro para os legumes e outro para o pirão.

Sirva com arroz branco, para quem quiser.

Profiteroles com sorvete

PARA: 8 PESSOAS

500 ml de água
8 a 10 ovos inteiros
230 g de manteiga sem sal
10 g de açúcar
10 g de sal
300 g de farinha de trigo

Recheio
Sorvete de baunilha

Cobertura
100 g de chocolate meio amargo
500 ml de creme de leite

Modo de preparar
Ferva a água com manteiga, sal e o açúcar.
Retire do fogo e acrescente a farinha de trigo de

uma vez, mexa sem parar com uma colher de pau rapidamente, para a massa ficar lisa e homogênea. Retorne ao fogo por 4 min. ou até desgrudar do fundo da panela, para secar um pouco.

Agora acrescente os ovos um a um, de maneira que o anterior esteja bem encorpado antes de acrescentar o próximo.

Mexa até ficar com uma consistência que a massa tombe da colher, sem que esteja líquida ou pesada demais. Isso significa que está no ponto, ok?

Coloque no saco com a ponta cortada para apertar a massa e faça os profiteroles no tamanho que desejar. Lembre sempre que a massa vai dobrar de tamanho ao assar. Asse em forno de 200°, por 20 min.

Para o preparo da cobertura, derreta o chocolate em banho-maria e depois coloque o creme de leite aos poucos.

Para rechear os profiteroles, corte-os ao meio, coloque 1 bola de sorvete dentro e feche com a tampinha. Agora é só colocar num prato com a calda em baixo e depois regar com mais um pouco da calda por cima.

Dica:
Decore com uma lâmina de chocolate e folhinha de hortelã.

dia dos pais

Consomé de camarão

PARA: 6 PESSOAS

1 kg de camarão médio limpo
1 cebola média picadinha
2 tomates sem sementes, em cubinhos
1 dente de alho pequeno, socadinho
1 xíc. de aipo picadinho
1 xíc. de cenoura em cubinhos
1 1/2 xíc. de batata em cubinhos
1 xíc. de creme de leite
um pouco de coentro
sal e pimenta

Coloque 2 xíc. de caldo de camarão para cozinhar, por 5 min., junto com o aipo, a cenoura e as batatas.

Agora acrescente o camarão que foi refogado com um pouco de azeite, alho, cebola e tomate, por 5 min.

Depois junte 1 xíc. de creme de leite, um pouco de coentro picadinho, sal e pimenta.

Mexa até ferver e prove.

Se você não tiver um bom caldo de camarão, faça um simples: água, vinho branco, ervas, casca de laranja, e legumes que tiver em casa.

Costelinhas de cordeiro ao pistache

PARA: 4 PESSOAS

12 costelas
Tempere com sal e pimenta-do-reino.
Passe nas claras levemente batidas e, depois num prato cheio de pistache moído groseiramente.
Reserve na geladeira por 1 hora; retire e frite em óleo quente.

Molho de vinho tinto
500 ml de vinho tinto
1/2 cebola
1/2 cenoura
1 ramo de alecrim e 1 de tomilho
2 folhas de louro
Deixe reduzir à metade, coe o molho e acrescente sal, pimenta e 1 colher de sopa cheia de manteiga, mexendo bem.

Costeletas de cordeiro grelhadas ou carneiro assado

Tempere as costeletas de cordeiro com sal, pimenta e alecrim moído, e deixe-as descansar por 15 min. Depois leve-as para grelhar com manteiga derretida marronzinha, por 3 a 4 min. de cada lado, no máximo.

Se for uma peça maior, de 1 kg de carneiro, é bom deixar numa marinada por 15 horas, com vinho tinto, alecrim e alho socado. Depois retire a marinada e leve para assar por 60 a 90 min., regando e trocando de lado, de vez em quando.

Molho de pistache
Pegue a panela que dourou as costeletas e coloque:
2 colheres de sopa de manteiga
2 colheres de azeite
1/2 xíc. de vinho branco
4 colheres de sopa de geléia de hortelã

1/2 xíc. de hortelã picadinha
1/2 xíc. de pistache picadinho

Mexa por 5 min. e prove.

Molho de framboesa
1 1/2 xíc. de vinho tinto
1/2 cenoura
1 alho-poró
1 folha de louro
tomilho ou alecrim

Deixe reduzir por uns 15 min., depois coe e
acrescente: 5 colheres de sopa de geléia de
framboesa, sal e pimenta. Mexa e deixe descansar
por uns 5 min., até ficar igual a um xarope.

Batatas gratinadas com ervas

Cozinhe as batatas com casca (1 kg), *al dente,* por
8 min. Depois corte em lâminas fininhas. Pegue
um pirex e pincele com azeite, coloque uma
camada com as batatas, salpique alecrim
picadinho e parmesão.

Faça 3 camadas e, no final, coloque por cima:
1 xíc. de creme de leite com sal, pimenta e noz-
moscada. Com o dedinho faça o molho penetrar
entre as camadas de batata.

Agora joque parmesão por cima e um dê
chorinho de azeite. Leve ao forno até dourar, por
uns 15 a 20 min.

Dica:
Quem quiser pode usar iogurte no lugar do creme
de leite.

Legumes oriente
(para acompanhar)

Refogue nesta ordem:
um pouco de óleo de canola
1 cebola em lâminas finas e 2 dentes de alho
picado.

Mexa por 2 min. e junte:
2 xíc. de brócolis picado
1 xíc. de cenoura em lâminas
2 xíc. de cogumelos
1 xíc. de nirá ou broto de feijão

Mexa tudo por 2 min. e acrescente 1 xíc. de água e
1/2 xíc. de molho de soja. Mexa por mais 6 min. e
acrescente sal, se precisar.

Salpique gergelim por cima, na hora de servir.

Cherne com hortelã e
pimenta rosa sobre pupunhas grelhadas

Tempere os filés de peixe com sal, pimenta rosa
moída e muita hortelã picadinha; dê um bom
choro de vinho branco e deixe marinar por 8 min.
de cada lado.

Leve para grelhar com um pouco de azeite. Separe.
Na própria panela, doure as pupunhas por 4 min.
de cada lado e coloque os peixes por cima da
pupunha no prato e regue com o molho.

Molho
2 colheres de sopa de manteiga
1/2 xíc. de uvas-passas brancas
1 xíc. de alho-poró picadinho
1/2 xíc. de vinho branco

Mexa tudo por 3 min. e coloque sobre o peixe e a
pupunha. Salpique castanhas e hortelã picadinha.

Foie gras

PARA: 4 PESSOAS

Corte o *foie gras* em 2 pedaços de 50 g por pessoa. Tempere com sal e pimenta-do-reino a gosto e um pouco de farinha de trigo; retire todo o excesso da farinha.

Depois pegue uma frigideira bem quente e sele o *foie gras* 1 minuto de cada lado.

Se quiser, pode usar um pouco de manteiga dourada ou flambar com um pouco de conhaque rapidamente.

Sirva com vários molhos.

Molho de vinho e com figos

4 figos (1 por pessoa)
1 1/2 litro de vinho tinto
1 1/2 litro de vinho do Porto
alecrim, tomilho, pimenta rosa e sal
5 colheres de sopa de açúcar

Deixe reduzir de 15 a 20 min. e, no final, corrija o sal.

Pegue uma frigideira e coloque mel, 1 ramo de alecrim e os figos de cabeça para baixo, cortados ao meio.

Deixe descansar por 5 min.; depois regue com o molho de vinho reduzido e sirva com *foie gras*.

Dicas:

Você também pode fazer um molho com geléia de framboesa, vinho, sal e pimenta. Deixe reduzir e, no final, acrescente framboesas.

Ou ainda fazer um suco de manga com maracujá, e deixar reduzir com sal e pimenta vermelha.

Sirva também com shiitake, cogumelos, shoyu e saquê.

Tarte Tartin

PARA: 6 PESSOAS

Massa
(para forma redonda de 24 cm de diâmetro)
250 g de farinha de trigo
50 g de açúcar de confeiteiro
125 g de manteiga sem sal, em cubinhos
1 ovo
1 pitada de sal
15 ml de água gelada
raspas da casca de 1/2 limão

Misture os ingredientes secos primeiro, depois a manteiga, o ovo no meio da massa, e a água. Deixe descansar por 30 min. na geladeira.

Recheio
12 a 15 maçãs cortadas em 4, sem casca e sementes
100 g de manteiga sem sal
100 g de açúcar

Pegue uma forma e coloque a metade do açúcar e da manteiga, cubra com as maçãs apertando bem uma junto da outra, e depois adicione o resto do açúcar e 50 g da manteiga derretida.

Leve ao fogo por 25 min. até o açúcar ficar castanho claro. Deixe esfriar e coloque a tampa da torta com a massa aberta com rolo. Forno médio por 30 min.

Vire a torta num prato e espere 3 min. para retirar a forma.

DIA DOS PAIS 67

jantar romântico

Boullabaisse

PARA: 2 PESSOAS

Bata e coe tudo junto: 1 litro de molho de tomate caseiro com 2 latas de tomate Pellatti.

Agora, em separado, tempere com sal e pimenta branca: 600 g de cubos de filé de peixe branco de postas firmes, 2 xíc. de camarões médios limpos, 2 xíc. de anéis de lulas limpas e 2 xíc. de marisco, siri ou caranguejo.

Em uma frigideira, coloque um pouquinho de azeite de oliva, 1 alho-poró picadinho e 1 dente de alho amassadinho; mexa por 2 min. Acrescente os frutos do mar e mexa mais 1 min. Coloque 150 ml de vinho branco, um pouco de coentro e tomilho picadinho, mexa e acrescente o molho de tomate, para cozinhar com os frutos do mar, por 15 min. Prove. Corrija com sal e pimenta. Este é o jeito simples e saboroso de fazer a sopa.

Camarão flambado

PARA: 2 PESSOAS

Tempere 10 camarões VG limpos com sal e pimenta, e deixe descansar por 10 min.

Coloque numa frigideira 2 colheres de sopa de óleo de canola e doure os camarões por 2 min.

Agora acrescente as lâminas de 1 maçã e o suco de 2 laranjas, e deixe por 5 min. reduzindo.

Coloque um pouco de raspinhas da casca da laranja. Depois acrescente 1 dose de licor ou conhaque numa concha funda, acenda, deixe flambar na colher e jogue por cima da frigideira.

Prove e corrija com sal.

Arroz ao pesto de hortelã

1 1/2 xíc. de arroz cozido

Molho ao pesto de hortelã

1/2 copo de iogurte (ou 30 ml de azeite e 20ml de água juntos)
1 1/2 xíc. de folhas de hortelã
1 dente de alho
8 castanhas-do-pará
3 colheres de sopa de parmesão
1 colher de café rasa de sal

Bata tudo no liquidificador e junte 6 colheres de sopa do molho ao arroz.

Banana caramelizada com sorvete

PARA: 6 PESSOAS

1 dúzia de bananas d'água
2 xíc. de açúcar
2 colheres de chá de canela
100 g de manteiga sem sal

Pegue um pirex e lambuze ele todo com manteiga sem sal.

Coloque as bananas d'água, maduras, por cima. Agora cubra com açúcar e canela em pó.

Salpique pedacinhos de manteiga por cima e leve ao forno 180°, por 20 min. Ou até caramelizar.

Sirva com sorvete de macadâmia nut ou crocante.

jantar para amigos
que gostam de carne

Picadinho de carne com molho roti

200 g de carne por pessoa para picadinho e 250 g para escalopinho ou steak

Molho roti

1/2 litro de vinho tinto
1/2 litro de vinho Izidro W (mas o w está de cabeça para baixo no rótulo)
1 litro de água
1 pedaço de músculo (300 g)
1 cebola, 1 cenoura, 1 pedaço de aipo, 1 pedaço de alho-poró
2 tomates
6 folhas de louro
alecrim e tomilho (1/2 xíc. de cada)
sal e pimenta preta em grão

Doure bem o músculo com um pouco de óleo e depois acrescente os vegetais e ervas picados.

Mexa por 2 min. e coloque o vinho e a água. Deixe cozinhar por 30 min., e depois coe e volte à panela.

Coloque mais 300 ml de vinho tinto, um choro de molho de soja (30 ml) e mais um de molho inglês (30 ml).

Deixe reduzir por mais 20 a 30 min.

Prove e corrija o sal; agora coloque 2 colheres de sopa de manteiga e mexa bem, para dar brilho e aveludar o molho.

Tempere a carne só com pimenta-do-reino e grelhe com um pouco de óleo.

Quando começar a dourar, tempere com um pouco de sal. Repita isso até terminar de dourar a carne, e depois acrescente o molho.

Dica:

Se gostar, acrescente champignon em lâminas.

Picadinho com molho de vinho tinto (rápido)

Doure a carne e acrescente na mesma panela:
1 xíc. de um bom vinho tinto
2 colheres de sobremesa de molho de soja
1 colher de sobremesa de manteiga
sal e pimenta moída na hora

Deixe reduzir por 8 a 12 min., até engrossar um pouco. Prove.

Sirva com arroz, farofa e lâminas de banana-da-terra grelhada na manteiga.

Costelinha New Orleans

1 kg de costelinhas médias ou cortadas em pedaços
100 ml de mostarda Dijon
100 ml de catchup
50 ml de mel
1 colher de soremesa de sal
10 gotas de Tabasco
papel alumínio

Coloque as costelinhas num pirex que vá ao forno. Passe a mostarda nelas todas. Agora faça a mesma coisa com o sal e o catchup. Jogue o mel por cima e as gotas de Tabasco.

Cubra com papel alumínio e leve ao forno por 45 min., depois retire o papel e leve para dourar no forno mais 45 min.

Sirva com o purê de aipim.

Purê de aipim

1 kg de aipim
1 litro de água para cozinhar o aipim
200 ml de leite de coco
200 ml de leite
30 g de manteiga
sal
1 maço de agrião

Cozinhe o aipim em cubinhos na água até ficar molinho.

Bata no liquidificador com a própria água do cozimento, manteiga, sal, leite de coco e o leite.

Salpique agrião por cima.

Sirva ao lado das costelinhas.

Batata Roesti

PARA: 1 PESSOA

250 g de batatas
30 g de bacon
1 pitada de sal
1 colher de sopa cheia de salsinha
30 ml de óleo

Cozinhe as batatas com a casca e deixe-as bem *al dente.*

Leve para a geladeira por 12 horas. Depois rale no ralo grosso e misture o bacon torradinho e picadinho.

Acrescente um pouco de salsinha e sal. Coloque tudo numa frigideira com um pouco de óleo e formate como um hambúrguer.

Deixe dourar bem e vire com cuidado. Sirva.

Bananas flambadas

Derreta 1 colher de manteiga em uma frigideira. Coloque 1 banana em lâminas (divida ao longo em 3 pedaços, para fritar rápido).

Coloque o suco de 1 laranja com 1 colher de sobremesa de açúcar e deixe evaporar um pouco. Acrescente as raspinhas da casca da laranja.

Agora coloque 1 dose de conhaque ou Cointreau na mesma frigideira, ponha fogo para flambar até o fogo acabar.

Faça com várias frutas (manga, abacaxi e outras).

Calda de chocolate
Ponha uma medida de chocolate meio amargo ralado e a mesma de creme de leite.
Leve ao banho-maria para derreter.

Abacaxi grelhado

Coloque o abacaxi para grelhar em um espeto com um mínimo de manteiga. Depois sirva-o com calda de chocolate.

Você também pode usar: banana, manga, morangos ou uvas verdes sem caroço.

Carpaccio de abacaxi com calda de romã

Corte o abacaxi em fatias finas e cubra com hortelã picadinha.

Faça a calda:
1 xíc. de romã
1/2 xíc. de vinho tinto com 1 dedo de água
1 xíc. de açúcar

Deixe caramelizar em fogo baixo, depois coloque para esfriar e cubra o abacaxi fatiado.

Manjar de coco com calda de romã

Faça um mingau de maisena com leite de coco e coco ralado até engrossar.

Coloque numa forma untada com óleo e água e leve para gelar.

Asse lâminas de coco no forno; separe.

Retire o mingau da geladeira, desenforme e coloque a calda de romã e as lâminas de coco por cima.

Dica:
Essas sobremesas servem para a ceia do Ano-novo. Romã dá sorte!

dia do vovô e da vovó

Creme de milho com presunto de Parma crocante e couve

PARA: 4 PESSOAS

2 latas de milho
1 litro de leite
1 1/4 de cebola
1 pitada de noz-moscada
sal

Bata bem tudo no liquidificador e depois passe na peneira.

Leve ao fogo e vá mexendo até engrossar.

Agora acrescente couve cortada bem fininha e pedacinhos de Parma assados.

Asse o presunto de Parma em fatias sobre um tabuleiro coberto com papel alumínio, por 10 a 12 min., até ficar crocante. Fique de olho, não é pra ficar preto!

Retire do forno e deixe esfriar, porque vai endurecer mais ainda. Quebre em pedacinhos para colocar sobre o creme e a couve. Sirva.

Lombo de cordeiro ao vinho do Porto com couscous e amêndoas

400 g de lombo do cordeiro limpo
600 ml de vinho do Porto
1 pedaço de canela em pau
20 g de manteiga
1 xíc. de couscous marroquino
1 fava de baunilha
1/3 de xíc. de caldo de legumes morno com 1 colher de chá de manteiga
amêndoas em lâminas assadas

Molho
Em uma panela, reduza o vinho com o pau da canela e a fava da baunilha, até ficar consistente.

Lombo
Tempere o lombo com sal e pimenta moída, e leve para grelhar com o mínimo de manteiga. Finalize salpicando hortelã picadinha, as amêndoas e um pouco do molho.

Retire o lombo mal passado para fatiar.

Couscous
Coloque o couscous numa panela e mexa por 2 min. para torrar o grão. Cubra com um pouco do caldo de legumes morno e mexa sem parar por 4 a 5 min.

Montagem
Sirva o lombo fatiado com o couscous ao lado e regue tudo com o molho. Salpique as amêndoas torradas.

Frango da Fazenda *com purê de maçã*

PARA: 4 PESSOAS
1 kg de filé de frango
1 kg de maçã vermelha
70 g de castanhas-de-caju ou macadâmia
70 g de uvas-passas brancas
sal e pimenta moída na hora
salsinha

Tempere o frango com sal e pimenta.
Doure com um pouco de óleo de milho ou girassol.

Faça o purê de maçã
Cozinhe 1 kg de maçã sem casca, cortada em 8
pedaços, em 300 ml d'água, até ficar macia.

Depois é só bater no liquidificador e está pronto!

Coloque o filé de frango sobre o purê de maçã.
Salpique as castanhas, as passas e a salsinha
picadinha por cima.

Brócolis ao alho e óleo

1 maço de brócolis
4 dentes de alho
óleo de milho ou girassol

Limpe o brócolis e separe as folhas boas também.
Dê um choque de 2 min. na água fervente com sal,
retire e dê um choque na água com gelo até
esfriar; ele ficará verdinho.

Agora coloque um pouco de azeite na frigideira e
doure 4 dentes de alho picadinho, acrescente o
brócolis, coloque sal a gosto e mexa por 3 min.

Sirva ao lado do filé de frango com purê de maçã.

Peras cozidas no vinho tinto

Descasque 4 peras deixando o cabo.

Coloque em uma panela 1 litro de vinho tinto, 1 xíc. de água, 1 xíc. de açúcar, 5 cravos, 2 pedaços de canela em pau e 1 colher de sopa de gengibre em pedaço ou suco.

Misture bem, tampe a panela e deixe em fogo médio por 5 min. Diminua o fogo e cozinhe por mais 10 a 15 min.

Retire os cravos e a canela depois de pronto.

Retire as peras de deixe a calda reduzir mais.

Sirva as peras com sorvete, a calda e folhas de hortelã.

Crepe de maçã

Massa (para 6 a 8 crepes)
1 xíc. de leite
1 xíc. de farinha de trigo
2 ovos
1 colher de sopa rasa de açúcar
1 colher de chá rasa de sal

Bata tudo no liquidificador e deixe gelar por 20 min. Unte uma frigideira antiaderente com óleo, aqueça e faça os crepes, colocando 1/2 concha da massa para cada um. Doure os 2 lados e depois recheie.

Recheio
2 xíc. de maçã picadinha
1 xíc. de açúcar
canela em pó
suco de uma laranja
1/2 xíc. de água

Cozinhe por 10 min. em fogo baixo. Sirva com sorvete.

churrasco
pra lá de chique pra impressionar

Na brasa: lagosta, peixe, camarão VG, pupunha, abacaxi e banana

PARA: 4 PESSOAS

Lagosta (4 unidades)

Corte ao meio, retire as tripas e tempere com sal e pimenta branca.
Grelhe por 4 min. de cada lado. Se for gorda, deixe 7 min. de cada lado.

Peixe (1 kg)

Tempere com sal, pimenta e alecrim. Coloque alecrim e limão siciliano cortado ao meio dentro do peixe.
Grelhe por 10 min. de cada lado (se for gordo, por 15 min. de cada lado) e prove com a ponta da faca.

Camarão VG (16 unidades)

Corte por cima do camarão com a faca fina e retire as tripas. Depois, corte embaixo dele, ou use um palito.
Tempere com sal, pimenta, alho e limão, se quiser, e leve no espeto para dourar por uns 8 min.

Pupunha (8 caules)

Parta o caule ao meio.
Grelhe até ficar macio, virando de lado para dourar.

Molho de limão

200 g de manteiga com sal derretida, moreninha com o suco de 1 limão.

Molho de ervas

300 ml de azeite com alecrim, salsinha, sálvia picadinha e alcaparra (1 colher de sopa de cada).

Abacaxi ou Banana

Corte ao meio. Coloque açúcar e canela.
Grelhe até dourar.
Sirva com sorvete.

Batata ao murro

1 kg de batatinha com casca
1 xíc. de alecrim picadinho e azeite (regue bem!)
sal grosso trituradinho

Cozinhe as batatinhas até ficarem bem macias.
Retire da água e dê um murro suave, com carinho.

Regue com azeite, salpique alecrim e sal.

Misture e sirva na temperatura ambiente ou
quentinha.

Quem gostar de pimenta é só moer na hora e
colocar por cima.

Salada verde com pupunha e lagosta

PARA: 4 PESSOAS

Cozinhe a lagosta por 8 min. Corte em pedaços
grandes e passe na manteiga queimadinha com
limão (200 g de manteiga, 1 limão siciliano
espremido e sal no final. Deixe a manteiga começar
a dourar e coloque a lagosta). Mexa por 3 min.

Montagem

Coloque as folhas da salada (folhas verdes e
radiccio), a pupunha em rodelas já grelhadas no
azeite até dourar (6 min.), agora a lagosta com o
molhinho da manteiga e as raspinhas da casca do
limão siciliano por cima.

Regue com um pouco de vinagre balsâmico e
azeite; na mesa, sal e pimenta.

Torta de limão

Massa
400 g de farinha de trigo
200 g de manteiga sem sal
3 colheres de sopa cheias de açúcar
1 colher de sopa de raspas da casca do limão

Misture tudo e leve para gelar por 30 min.

Depois coloque numa forma de aro móvel para assar por 15 min., até começar a dourar.

Retire do forno, deixe esfriar e depois coloque o creme.

Creme
1 1/2 lata de leite condensado
suco de 2 limões

Misture bem e coloque sobre a massa.

Cobertura
3 claras em neve
12 colheres de sopa de açúcar

Misture o açúcar aos poucos com carinho e coloque sobre o creme.

Leve ao forno médio de 175°, até dourar.

festa das massas
para adolescentes

Lasanha de frango com catupiry e espinafre

PARA: 6 PESSOAS

Cozinhe a massa de acordo com as instruções da embalagem ou use uma massa semipronta

Recheio
Cozinhe 1 kg de frango no caldo de galinha e depois desfie bem. Refogue com molho de tomate caseiro por 5 min. Pegue as folhas de um maço de espinafre e acrescente ao frango; mexa 1 min.

Para a montagem: 1 caixa de catupiry e 500 g de mussarela.

Monte a lasanha:
pirex + molho de tomate + massa + recheio de frango + tiras de catupiry + fatias finas de mussarela + massa + recheio de frango + catupiry + mussarela + massa + molho de tomate + mussarela + parmesão.

Leve ao forno quente, por 10 a 15 min., até borbulhar.

Lasanha de carne moída

Pegue 1 kg de carne moída temperada com alho, salsinha e cebola picadinha, leve para dourar na panela com um pouco de óleo.

Vai soltar muita água; depois que começar a secar a água, coloque o sal e mexa. Acrescente molho de tomate caseiro para a carne ficar molhadinha, um pouco de orégano e manjericão. Demora uns 15 min.; prove e veja se está boa.

Para a montagem:
300 g de presunto e 500 g de mussarela.

Monte a lasanha:
pirex + molho de tomate + massa + carne moída + fatias de presunto, se gostar, e de mussarela por cima + massa + carne moída + mussarela + massa + molho + mussarela + parmesão e forno.

Lasanha de presunto com queijo

Molho de três queijos (serve para lasanhas, ravióli e rondeli):
1 1/2 copo de leite
1 caixa de creme de leite
100 g de queijo parmesão
1 copo de requeijão
1 fatia de ricota ralada
sal, pimenta em pó, se gostar, e noz-moscada
Mexa até esquentar.

Agora vamos montar a lasanha:
pirex + molho de três queijos + massa + presunto + champignon + molho + mussarela + massa + molho + presunto + champignon + um pouco de molho + mussarela + massa + um pouco de molho + presunto + champignon + mussarela e queijo parmesão e forno.

Se gostar, salpique nas camadas folhas de manjericão e orégano, fica deliciosa!
Ou folhas de espinafre picadinha.

Penne com salmão defumado

Prepare o penne cozinhando como manda a embalagem.

Acrescente no molho de três queijos (ver página ao lado) pedaços de salmão defumado e um pouco de aneto (erva seca ou fresca).

Mexa e acrescente a massa já cozida.

Coloque por cima pedacinhos do salmão, queijo parmesão e ceboulette picadinha.

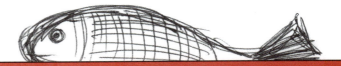

Parafuso com molho pesto

PARA: 4 PESSOAS

Cozinhe a massa (1/2 kg de massa crua), coloque o molho pesto, pedaços de mussarela de búfala e tomates secos. Mexa até o queijo começar a derreter; salpique queijo parmesão por cima e sirva.

Molho pesto
2 xíc. de folhas de manjericão ou rúcula, ou tomates secos hidratados no azeite e ervas.
2 dentes de alho
100 g de queijo parmesão
50 g de castanhas-do-pará, amêndoas ou pinholes
150 ml de azeite
1 colher de chá de sal

Bata tudo no liquidificador e pronto!

Dica:
Se o pesto ficar muito grosso, coloque um pouco de água, fica mais leve.

Farfale com manteiga

PARA: 2 PESSOAS

Cozinhe a massa (300 g de massa crua).

Molho
Derreta 3 colheres de sopa de manteiga e misture com o suco de 1/2 limão. Junte sálvia picada e 1/2 xíc. de creme de leite, sal e pimenta a gosto. Mexa e coloque na massa.

Sirva com queijo parmesão por cima.

Lasanha de frutas

1/2 abacaxi descascado e cortado em rodelas bem finas
1 bandeja de morangos cortados em fatias finas
4 kiwis descascados cortados no sentido do comprimento, em fatias bem finas
1 manga Aden (ou 1 manga grande de sua preferência) descascada e cortada em fatias finas
650 g de coalhada seca misturada com 1 colher (sopa) de açúcar, 2 colheres (sopa) de licor de laranja e 1 colher (sopa) de folhas de hortelã picadas

Calda de caramelo

2 xíc. (chá) de açúcar
1 xíc. (chá) de água

Dissolva o açúcar na água numa panela e leve ao fogo médio. Quando atingir a cor de caramelo (+ ou – 15 minutos) a calda estará pronta.

Monte a lasanha num refratário retangular (25 cm x 15 cm), fazendo camadas com as fatias/rodelas de frutas, alternando-as na seguinte ordem: abacaxi, morango, kiwi, manga, metade da coalhada seca temperada.

Repita as camadas de frutas na mesma ordem e finalize a montagem com a outra metade da coalhada seca. Leve para a geladeira por meia hora e sirva com a calda de caramelo.

Pulo do gato!

Essa sobremesa é ideal para aquela visita de última hora, além de ser excelente pela quantidade de fibras que possui, vitaminas e minerais.

Com o acréscimo da coalhada, torna-se uma sobremesa altamente desintoxicante e estimulante do corpo, favorecendo muito a pele e a circulação.

Salame de chocolate

DÁ PRA FAZER 3 UNIDADES DE 500 G CADA

500 g de biscoito Maria quebrado grosseiramente com as mãos
1 lata de leite condensado
2 xíc. de chocolate em pó Néstle do padre
2 colheres de sopa de conhaque
1 1/2 xíc. de manteiga derretida sem sal
1 1/2 xíc. de castanhas-do-pará ou amêndoas picadinhas

Misture todos os ingredientes, enrole em papel alumínio e leve ao freezer por duas horas.

Cobertura

1/2 xíc. de chocolate em pó
1 colher de sobremesa de açúcar
4 colheres de sopa de manteiga derretida e fria

Misture e pincele para fazer uma capinha.

Deixe secar e leve para gelar de volta até a hora de servir. É só fatiar. Pode ficar congelado, bem embrulhado, por uns 15 dias.

3 jantares light

Para quem quer comemorar e está de dieta

Salada de brotos

PARA: 4 PESSOAS

1 xíc. de broto de feijão
1 xíc. de alfafa
1 xíc. de broto de lentilha
2 xíc. de cenouras raladas
2 xíc. de pepino japonês com casca em rodelas finas
1 xíc. de nirá em pedaços de 3 cm cozidos em um
pouco de água e shoyu, por 5 min.

Separe o caldo e misture tudo com a salada.

Molho
2 potes de iogurte
1 xíc. de cubinhos de abacaxi
1 xíc. de hortelã picadinha
3 sementes de cardamono
5 gotas de Tabasco
sal a gosto

Camarão ao curry

PARA: 4 PESSOAS

Tempere 1 kg de camarão médio limpo com sal e
pimenta, e deixe descansar por 10 min.

Doure os camarões com um pouco de óleo (só para
untar a panela) 3 min de cada lado.

Agora coloque 300 ml de suco de maracujá com
um pouco de adoçante e 1 colher de sopa de curry;
junte os camarões, mexa por 10 min. e coloque 1
vidrinho de leite de coco light (200 ml).

Mexa por mais 2 min. e está pronto!

Faça um caldo com as cascas do camarão ou use
um caldo de legumes para cozinhar o arroz
selvagem (1/2 pacote para 4 pessoas).

Cozinhe o arroz por 25 min. e prove, separe.

Agora grelhe 3 xíc. de pupunhas em rodelinhas na frigideira pincelada com azeite, doure e dê um chorinho com vinho branco para não queimar.

Tempere com sal e pimenta por uns 4 min. de cada lado, prove e junte ao arroz.

Junte um pouquinho de hortelã, coco ralado, banana passa e pistache para enfeitar por cima.

Sirva com o arroz selvagem, um pouco de coco ralado, banana passa, pistache, hortelã e pupunha.

Compota de frutas
(pêra, maçã e abacaxi)

2 xíc. de cada fruta

Pique as frutas em cubinhos.

Cubra com água e adoçante Tal e Qual a gosto, junte 3 cravos-da-índia, 3 paus de canela, 1 anis em flor, raspas de casca da laranja e cozinhe por 12 min. Prove e veja se está a seu gosto.

Sirva com sorvete diet, se gostar, ou iogurte.

Sopa de Missô

PARA: 4 PESSOAS

Coloque 1 litro de água com 3 a 4 colheres de missô e deixe ferver.

Pique o tofu em cubinhos e marine com molho de soja e gengibre por 10 seg., depois seque com papel e leve para dourar com um pouco de óleo.

Sirva com cebolinha verde picadinha em rodelinhas.

Tirinhas de carne da Malásia

PARA: 4 PESSOAS

Marine 600 g de filé-mignon com 4 colheres de sopa de shoyu light, 1 colher de chá de curry, 1 dente de alho socadinho, 1 colher de sopa de oyster sauce e 1 colher de chá de óleo de gergelim. Misture tudo e deixe descansar por 10 min.

Depois é só grelhar com o mínimo de óleo na frigideira; se precisar, regue com um chorinho de água e shoyu, para não grudar.

É rapidinho: em 6 a 8 min. está pronto!

Sirva com um pouco de arroz branco e cheiro verde picadinho ou com nuvem de cenoura e milho.

Nuvem de cenoura e milho

Bata no liquidificador:
2 cenouras pré-cozidas picadas e 1 lata de milho com um chorinho de 50 ml da água que cozinhou a cenoura.

Misture com ervas a gosto, sal e 3 claras em neve, aos poucos, e coloque no pirex individual.

Leve ao forno quente por 12 a 15 min.

Pavê de morango diet

Faça um creme de baunilha com:
2 xíc. de leite, 2 colheres de sopa de maisena, 1 colher de sopa de baunilha e adoçante a gosto.

Mexa até engossar, retire do fogo, junte 1 gema coada e mexa sem parar. Volte ao fogo rapidinho para mexer por 2 min. Separe e deixe esfriar.

Pegue 2 xíc. com morangos e leve ao fogo com 50 ml de vinho tinto ou água e adoçante. Deixe cozinhar por 5 min. Retire e deixe esfriar.

Pique alguns pedaços de qualquer bolo diet do seu gosto, para montar o pavê.

Pegue um pirex e faça as camadas do bolo, depois coloque morango e creme. Leve o pavê para gelar por umas duas horas.

Cubra com morangos frescos e folhas de hortelã, na hora de servir.

Suflê de salmão defumado com minissalada verde

Pegue 200 g de salmão defumado e amasse com garfo para misturar ao béchamel.

Béchamel
300 ml de leite, 1/2 cebola ralada, 2 colhes de sopa de maisena, sal, pimenta, noz-moscada e aneto.

Mexa até engrossar e deixe esfriar. Depois junte o salmão e 4 claras em neve (ou 3, se forem grandes).

Coloque nas forminhas e leve ao forno até dourar, por uns 15 min.

Sirva com salada verde de rúcula, alface americana, pimentão vermelho e amarelo (assados com um pouco de azeite); na hora de servir, regue com vinagre balsâmico e sal.

Risotto de arroz sete cereais

Cozinhe arroz integral, sete cereais ou branco com água, alho, cebola picadinha, cascas de limão e sal, sem óleo, até ficar no ponto. Prove de vez em quando e veja se precisa mais água ou sal.

Agora tempere 3 xíc. de frango em cubinhos com molho de soja light (50 ml), por 10 min.

Depois grelhe com óleo (só para pincelar a frigideira); separe quando o frango estiver no ponto.

Refogue 2 xíc. de alho-poró e 2 xíc. de cogumelos com um pouco de água, vinho, shoyu e alecrim. Mexa por 7 min. e depois junte tudo ao risotto.

Sirva com figos e mangas grelhados e um pouco de vinagre balsâmico.

Mousse de banana

Bata no liquidificador:
6 bananas nanicas bem maduras
250 ml leite de coco light
200 ml de creme de leite light ou iogurte
suco de 1 limão
2 colheres rasas de sopa de adoçante

Abra a tampa e junte 2 colheres de sopa de gelatina sem sabor diluídas com água. Tampe e bata mais. Coloque em copinhos ou taças e deixe gelar por algumas horas.

Salpique canela em pó ou cacau na hora de servir.

Frutas flambadas

Corte abacaxi, manga ou banana em fatias finas.

Coloque numa frigideira com 1 colher de manteiga sem sal. Adicione 1/2 xíc. de suco de laranja e 1 colher de chá de Tal e Qual. Deixe reduzir 5 min. Coloque 50 ml de conhaque e flambe.

Dica:
Para flambar, vire a frigideira de lado para a chama do fogo pegar no conhaque e depois espere apagar.

Sirva com 1 bola de sorvete diet por pessoa.

almoço de domingo

com sabor da Bahia

Lula Búzios

Limpe as lulas (200 g de lula por pessoa) e corte em rodelinhas de 1 cm.

Deixe de molho no leite por 60 min., depois retire e seque bem.

Tempere com sal e pimenta-do-reino, se gostar.

Pegue 1 xíc. de fubá e 1 xíc. de farinha de trigo. Passe as lulas nessa mistura e retire o excesso numa peneira, sacudindo as lulas.

Leve para fritar numa frigideira com bastante óleo; é rapido. Depois retire e coloque num papel toalha, para tirar o excesso da gordura.

Sirva com maionese, misturada com limão, mostarda e muita salsinha picadinha. Ou sirva com molho tártaro, que é picles picadinho misturado com maionese.

Lulas grelhadas

Corte as lulas (1 kg) em tirinhas e marine com molho de soja (100 ml) e 2 colheres de sopa de suco do gengibre, por 20 min.

Retire da marinada e grelhe bem com um pouco de óleo, até dourar, por uns 6 min.

Salpique por cima gergelim e suco de 1/2 limão siciliano, fica ótimo!

Maionese de batata com lagosta

PARA: 4 PESSOAS

Cozinhe as lagostas (2 médias) com cascas no caldo de peixe, por 10 min. Retire e deixe esfriar. Passe na manteiga derretida queimadinha com limão, por 2 min., e junte as batatas cozidas em cubinhos (600 g).

Agora pegue:
1 maçã ralada
cebolette picadinha
1/2 xíc. de maionese
1/2 xíc. de creme de leite
2 pistilos de açafrão
sal e limão
um pouquinho de mostarda Dijon

Misture tudo e sirva sobre folhas de alface americana, ou coloque as folhas em volta da maionese.

Moqueca de peixe, lula e camarão

Pegue uma panela grande e coloque no fundo lâminas finas de tomate, pimentão, cebola e um pouco de coentro.

Acrescente por cima o peixe sem espinha em filé, as lulas em rodelinhas e os camarões. Cubra de novo com lâminas finas de cebola, tomate, pimentão e coentro.

Regue com 1/2 litro de leite de coco, 1 litro de água, ou caldo de peixe, e sal. Leve ao fogo 1 colher de sopa de azeite dendê ou 3 de azeite bom, por 15 min.

E está pronto para servir com arroz de brócolis ou farofa de alho e creme de arroz.

Para limpar a lula:

Retire a espinha central e toda pele roxa. Ao tirar a cabecinha sai um líquido: é só lavar bem porque a cabeça é deliciosa!

Moqueca de camarão com pupunha

PARA: 4 PESSOAS

Caldo

2 alhos-porós
2 cenouras
1 cebola
1 tomate
coentro
300 ml de vinho branco
1 litro de água
buquet garni (que é louro, alecrim, salsinha)
sal
cabeça de peixe ou de camarão.

Deixe cozinhar por 25 min., coe e bata com um pouco do caldo e as cascas do camarão ou peixe. Depois coe tudo muito bem. Volte ao fogo por 10 min. e está pronto!

Pegue os camarões (1 kg) e tempere com sal e pimenta, por 10 min.

Refogue 1 cebola, 2 dentes de alho picadinho, 3 tomates e 1 pimentão amarelo picadinho com um pouco de azeite, por 3 min. Acrescente 1 lata de tomate Pellatti e 1/2 litro de caldo. Mexa por mais 3 min. e bata tudo no liquidificador.

Leve os camarões e a pupunha em rodelas finas (1 bandeja) para cozinhar neste molho, por 6 min. Acrescente 1/2 litro de leite de coco e mexa. Se quiser, coloque 2 pimentas dedo-de-moça e 2 colheres de sopa de azeite/óleo de dendê; mexa por 3 min. e pronto!

Sirva com arroz de brócolis e farofa de dendê.

Farofa de dendê

Doure bem a farinha com muita manteiga e azeite/óleo de dendê. Mexa sem parar até torrar e, no final, acrescente sal.

Arroz de polvo e brócolis

PARA: 6 PESSOAS

1 1/2 kg de polvo
1 k de arroz
10 g de alho
150 ml de azeite
1 brócolis inteiro picado com as folhas
1/2 litro de vinho tinto
200 g de cebola
10 g de sal
5 folhas de louro

Retire a cabeça do polvo.

Coloque numa panela 1/2 litro de vinho tinto, 1/2 litro d'água e acrescente 1 cebola picada ao meio, 4 folhas de louro e 1 raminho de coentro. Faça um caldo.

Pegue o polvo e dê vários choques neste caldo quente (enfie-o na panela, deixe 20 segundos e retire. Faça isto umas 6 vezes) e depois deixe cozinhar por 8 min.

Retire o polvo e corte os tentáculos em rodelinhas. Pegue este caldo para cozinhar o próprio arroz, deixando molhadinho para depois misturar com o polvo e o brócolis refogado.

Cozinhe o brócolis separado, picadinho e refogado com azeite e alho.

Depois coloque o polvo e tempere com sal e pimenta em pó. Mexa uns 3 min. e pronto! Junte o arroz, misture bem e sirva.

Queijadinha

PARA: 8 PESSOAS

3 ovos
1 xíc. de açúcar cheia
4 colheres de sopa de queijo ralado
1 1/2 lata de leite de condensado
2 pacotes de coco ralado hidratado ou fresco

Bata tudo no liquidificador. Unte uma forma com manteiga e coloque o papel manteiga também untado com manteiga e farinha de trigo. Leve ao forno a 180° até dourar.

Pudim de tapioca

PARA: 8 PESSOAS

Deixe 250 g de tapioca de molho em 1 litro de leite quente, por 90 min. Junte: 4 ovos batidos, 1 lata de leite condensado, 100 g de coco ralado, 1 xíc. de açúcar e 200 ml de leite de coco

Caramele a forma com açúcar, coloque o pudim e leve ao fogo em banho-maria, por 45 min. a 1 hora; fique de olho! Coloque um palito para ver se está pronto: espete e veja se sai seco. Cubra com papel de alumínio nos primeiros 30 minutos.

Dica: Se quiser, sirva com uma calda de maracujá ou de banana, é só caramelizar a fruta com açúcar.

Depois que esfriar, desenforme levando a forma ao fogo, segurando bem com pano, para soltar rápido o caramelo; ou coloque a forma dentro da água quente e desenforme; depois leve à geladeira.

jantar mexicano
para comemorar um bom aniversário

Tacos de frango

PARA: 8 PESSOAS

Compre 1 pacote de tacos prontos. Cozinhe 1 kg de frango no caldo de frango e depois desfie bem. Refogue com um pouco de salsa de tomate, que é o molho caseiro bem grosso.

Salsa

2 kg de tomates picados, 2 cebolas, 4 dentes de alho, um pouco de coentro, 4 folhas de louro, orégano, sal e 300 ml de água.

Deixe cozinhar por 15 min. e depois bata no liquidificador, sem as folhas de louro e com um pouco do caldo. Quem quiser, pode colocar Tabasco, que é um molho de pimenta.

Pique alface, tomate e cebola, e rale queijo prato; tudo em potinhos separados. Depois cada um monta o seu taco na mesa.

Burritos de carne e frango

PARA: 2 PESSOAS

Compre pronta a massa ou faça panquequinhas.

Recheie com carne moída refogada e a salsa de tomate caseira. Acrescente um purê de feijão mulatinho e queijo prato ralado.

Enrole e cubra com mais queijo por cima; leve para gratinar.

Frango

cozinhe um frango (1 kg) no caldo de frango ou legumes. Depois desfie-o bem e refogue com a salsa de tomate (2 xíc.). Se quiser, usar em nachos.

Carne

Separe carne moída (1 kg) temperada com alho (15 g) e orégano (2 colheres de sopa). Leve ao fogo com um pouco de óleo para dourar. Não coloque sal ainda; deixe ela soltar aquela água toda, em que está cozinhando.

Quando a carne estiver douradinha e sequinha, coloque o sal e a salsa de tomate (2 xíc.) para refogar.

Faça um feijão cremoso assim:
cozinhe 1/2 kg de feijão mulatinho, até desmanchar, e refogue com salsa (2 xíc.), alho (10 g) e cebola (150 g). Depois bata no liquidificador para ficar como um purê. Dá para até 6 pessoas.

Guacamole

PARA: 4 PESSOAS

Amasse o abacate ou bata no liquidificador. Acrescente 5 colheres da salsa do tomate e, se gostar, um pouco de tomate, cebola-roxa e coentro picadinho. Adicione também sal, suco de 1 limão e gotas de Tabasco.

Chili

PARA: 4 PESSOAS

Misture 1 xíc. de feijão com 1 xíc. de carne moída e adicione aquela pimenta calabresa que se coloca na pizza do *Pizza Hut*, parece um orégano vermelhinho (é a pimenta dedo-de-moça assada com pele e sementes. Deixe esfriar e pique bem picadinha).

Sour cream

PARA: 4 PESSOAS

2 potes de iogurte natural
1 pote de cream cheese
suco de 1/2 limão
sal

Bata bem até virar um creme, e leve para gelar até a hora de servir.

Sobremesa mexicana

fatias de abacaxi

Grelhe os 2 lados das fatias com um pouco de manteiga, até começar a dourar.

Coloque uma boa dose de tequila e flambe. Sirva com sorvete.

Dica:
Pode usar as frutas que você gostar.

Dica para flambar (sem riscos para iniciantes):
Coloque a tequila numa concha. Leve a concha ao fogo aceso e chegue perto da chama. No que pegar fogo, jogue sobre as frutas na frigideira sobre o fogo. Deixe caramelizar.

jantar italiano

Salada Caprese

Folhas de rúcula e alface, mussarela de búfala e tomate comum ou seco.

Crostini de espinafre com queijo
Faça torradinhas e coloque por cima espinafre cozido picadinho e refogado (com cebola picadinha, pouca manteiga e sal), cubra com parmesão e coloque para gratinar.

Pode servir sobre a salada.

Regue a salada na hora com azeite, vinagre e sal. Pimenta moída para quem quiser.

Linguini ao pesto de hortelã

Cozinhe a massa de acordo com as instruções na embalagem.

Pesto de hortelã
2 colheres de sopa de pinholes
250 ml de azeite
2 xíc. de folhas de hortelã
1 molho de salsinha
4 dentes de alho
1 xíc. de queijo parmesão (100 g)
1 colher de sopa de sal rasa
1 colher de chá de pimenta em grão moída

Bata tudo no liquidificador e jogue sobre a massa. Esta receita serve de entrada ou prato principal com um peixe ou com qualquer tipo de carne, e uma bela salada de tomates com ervas e azeite. Ótimo para o verão: é bem refrescante!

Gnocchi

De preferência, use batata desirée (é a que tem casca roxa), com casca marrom e terra. Se usar a batata inglesa, acrescente 1 ovo e farinha de trigo.

Cozinhe 650 g da batata com casca na água, sem sal, por 20 min. Deixe esfriar um pouco e retire a casca. Amasse numa vasilha e acrescente 175 g de farinha de trigo, sal, pimenta e ervas, se gostar.

Misture tudo com uma espátula até formar uma massa. Coloque a massa sobre a mesa ou mármore e amasse até ficar lisa. Sempre polvilhando com o mínimo de farinha de trigo.

Corte no meio e enrole como salsichas finas de cerca de 2 cm. Corte em pedaços pequenos e, se a massa ficar pegajosa, coloque um pouco de farinha nos dedos, sem exagero. Depois, se quiser, com um garfo dê uma achatadinha e gire com dedo.

Coloque numa panela com água e sal, até subir; depois deixe mais 10 segundos e retire com a espátula.

Agora dê um choque na água super gelada para parar o cozimento.

Sirva com molho do seu gosto.

Dicas:

Pode acrescentar à massa 2 colheres de sopa de orégano ou alecrim fresco picadinho, ou um pouco de manjericão batido com um chorinho de azeite.

Se quiser fazer *gnocchi* de abóbora, é só colocar no lugar da batata. Nesse caso, adicione 1 ovo e farinha de trigo até dar o ponto.

Frango mediterrâneo com aspargos frescos

PARA: 4 PESSOAS

Pegue 4 peitos de frango e tempere com sal e pimenta.

Misture num prato:
1/2 xíc. de farinha de trigo
1 xíc. de queijo parmesão ralado

Em outro pirex bata 2 ovos.

Agora passe os peitos de frango nos ovos, depois no queijo com a farinha e frite no azeite quente.
Seque com papel toalha.

Molho
Doure 2 dentes de alho amassados com 2 filezinhos de aliche, 100 ml de azeite e um pouco de pimenta calabresa, por 3 minutos.

Acrescente:
4 tomates picados sem sementes e sem pele
1/2 xíc. de folhas de manjericão
1 xíc. de molho Pomodoro ou Pellatti
1 dose de Marsala seco
1 dose de Marsala doce

Refogue por mais 4 min. e sirva sobre o frango.

Aspargos frescos sauté
500 g de aspargos

Corte a ponta deles e coloque no vapor, por 5 min.

Derreta 100 g de manteiga com sal e suco de meio limão, pimenta moída na hora e jogue por cima dos aspargos, com 100 g de parmesão ralado.

Torta de coco *Longhi's*

Favorita do George Benson. Ele morava em Maui e era muito amigo do dono do restaurante Longhi's. Às vezes, tocava lá aos sábados, onde tive o prazer de conhecê-lo. Adorava música brasileira.

Massa

1 xíc. de manteiga sem sal
2 colheres de chá de baunilha

Bata bem.

Junte 2 ovos, bata bastante e acrescente:
1 1/2 xíc. de farinha de trigo
1 xíc. de amêndoas moídas
uma pitada de sal

Amasse bem a massa e forre uma forma. Leve ao forno de 180°, por 15 a 20 min. Depois que esfriar leve à geladeira por 30 min.

Recheio

Faça um mingau com:
200 ml de leite de coco
1/2 xíc. de açúcar
1 xíc. de leite
2 colheres de sopa de maisena
100 g de coco ralado

Deixe esfriar e coloque sobre uma bacia com pedras de gelo para dar um choque térmico. Depois coloque sobre a massa e leve à geladeira.

JANTAR ITALIANO

Creme Bavarian

Dilua 1 colher de sopa de gelatina em pó com 3 colheres de sopa de água quente; separe.

Agora, separado, leve em banho-maria:
1 xíc. de leite
6 gemas coadas
1/2 xíc. de açúcar

Mexa tudo até começar a engrossar; aí junte a gelatina já fora do fogo e coloque sobre o gelo, para dar o choque térmico.

Acrescente *wipping cream* (1 1/2 xíc.), misture tudo e coloque sobre o recheio, como se fosse um suspiro sobre a torta.

Agora pegue 200 g de coco ralado, jogue açúcar nele e leve para assar até dourar. Fique de olho!

Jogue por cima do creme com o *wipping cream* e leve à geladeira por 2 horas.

Dica importante:
Só coloque o *wipping cream* e o coco 2 horas antes de servir a torta, ok? E deixe sempre na geladeira.

noite na Indonésia

Lula e polvo ao vinagrete

40 ml de azeite
400 g de lula pré-cozida
400 g de polvo pré-cozido
10 g de alho picadinho
150 g de cebola-roxa picadinha
200 g de tomate picadinho, sem pele e sementes
1/2 xíc. de coentro picadinho
sal e pimenta

Limpe bem as lulas e o polvo.

Cozinhe o polvo no caldo de água com vinho branco, cebola, cenoura, alho-poró e ervas por 8 min.; mas não coloque sal, só depois. Acrescente as lulas neste mesmo caldo, por mais 4 min. Retire o polvo e as lulas do caldo e corte em rodelinhas finas.

Refogue o azeite junto com alho, por 2 min., coloque as lulas e o polvo em rodelinhas. Mexa por 2 min. Coloque 100 ml de vinho branco, sal e pimenta; mexa por mais 2 min. e acrescente o suco de 1/2 limão.

Retire do fogo e coloque os tomates, a cebola e o coentro picadinho.

Leve à geladeira até a hora de servir ou deixe lá por pelo menos 1 hora.

Nazi goreng de camarão

Cozinhe 3 xíc. de arroz branco ou integral e separe.

Preparo do camarão
500 g de camarões médios e pequenos limpos, ou siri
300 g de tomate picadinho, sem pele e sementes
200 g de cebola picadinha
10 g de alho picadinho
um pouco de coentro
20 ml de óleo de gergelim
30 ml de molho de soja
30 ml de óleo para refogar
sal

Refogue tudo junto, por 6 min., e separe.

Molho sauté de amendoim
6 paçocas
5 g de alho socadinho
2 colheres de sopa do suco do gengibre
40 ml de molho de soja
50 ml de água
1 pimenta dedo-de-moça picadinha, sem as sementes
Misture tudo.

Agora junte o arroz com o camarão e este molho sauté.
Pique cebolinha verde e misture.
Acrescente depois 3 ovos mexidos e sirva.

Panqueca de banana Balinesa com mel

PORÇÃO: 6 A 8 UNIDADES

1 xíc. de leite
1 xíc. de farinha de trigo
3 ovos pequenos ou 2 grandes
2 colheres de sopa rasa de açúcar
1 colher de café de sal

Bata tudo no liquidificador e leve para gelar durante meia hora. Agora pique 4 bananas maduras em lâminas diagonais finas. Pegue uma frigideira anteaderente, coloque uma colherzinha de chá de manteiga e jogue a massa da panqueca. Vá girando a frigideira para ela não ficar grossa. Salpique pedaços da banana sobre a massa e lambuze um pouco da massa sobre as bananas, para quando virar de lado a banana não grudar na frigideira. Sirva com mel e limão.

Black Rice Puding
(É o arroz doce com arroz negro)

PARA: 6 PESSOAS

Cubra 3 xíc. de arroz negro com água, casca de limão siciliano, cardamono, canela em pau e anis-estrelado.

Leve ao forno para cozinhar. Quando começar a ficar bem macio coloque 400 ml de leite de coco, 11/2 xíc. de açúcar branco ou demerara, 1 xíc. de coco ralado (se tiver do fresco melhor).

Mexa um pouco e deixe cozinhar por mais 10 min. no fogo baixo, mexendo de vez em quando. Retire a canela em pau e o anis-estrelado, as sementes do cardamono pode deixar.

Sirva com mais coco ralado fresco por cima, se gostar, lâminas de banana e uma bola de sorvete de creme ou coco ou abacaxi ou pistache.

jantar vegetariano

Sopa de inhame ou aipim com agrião

RENDIMENTO: 6 PORÇÕES

1/2 xíc. de cebola picada
2 dentes de alho em conserva
2 colheres de sopa de azeite temperado
1 kg de aipim, batata ou inhame (prefiro o inhame)
5 xíc. de caldo de legumes
1/3 xíc. de caldo de legumes
1 molho grande de agrião (ou 3 pequenos)

Refogue a cebola e o alho no azeite. Junte o inhame e misture. Coloque o caldo e cozinhe por 20 minutos. Quando o inhame estiver bem macio desligue o fogo.

Limpe, lave e pique o agrião. Separe alguns ramos bem bonitos para enfeitar.

Coloque um pouco do caldo morno no fundo do liquidificador, junte o aipim (ou inhame) com o caldo do cozimento e acrescente o agrião picado; bata por uns 3 minutos.

Ferva novamente e verifique o sal. Na hora de servir, enfeite com folhas de agrião e um fio de azeite temperado.

Dica:
Muito bom para comer com pão!

Alho em conserva
3 cabeças de alho inteiras
500 ml de água
120 ml de azeite extravirgem

Com a cabeça de alho apontada para cima, faça um corte no sentido horizontal, de forma que os dentes fiquem inteiros, somente com as pontas à mostra.

Coloque as cabeças numa panela com água fria e leve para ferver. Deixe cozinhar até que os dentes fiquem macios.

Esprema as cabeças soltando os dentes um a um. Deixe imerso no azeite em recipiente tampado. Guarde na geladeira por 1 mês.

Caldo de legumes temperado

2 colheres de sopa de azeite
2 folhas de louro
4 dentes de alho
8 talos de salsa picados com as folhas
2 galhos de tomilho
1 xíc. de folhas de manjericão
1 xíc. de folhas de hortelã picadas
2 talos de alhos-porós picados (opcional)
2 talos de aipo, cortados em pedaços pequenos
2 xíc. de folhas de aipo picadas
1 cebola grande cortada em pedaços pequenos
2 cenouras com casca em pedaços pequenos
12 xíc. de água (3 litros)
3/4 xíc. de vinho branco (200 ml)

Existem várias formas de preparar um caldo, o importante é extrair ao máximo o sabor de todos os ingredientes, por isso os legumes devem estar cortados em tamanhos pequenos.

Refogue os legumes no azeite por 10 a 15 minutos. Junte a água e em seguida o vinho. Misture e deixe ferver por 20 minutos em fogo brando. Desligue o fogo e tampe a panela por alguns minutos para concentrar o sabor. Coe em peneira fina, apertando bem.

Esse caldo pode ser feito com antecedência; conserve na geladeira ou congele em porções pequenas.

Sopa de milho

RENDIMENTO: 6 PORÇÕES

4 xíc. de milho cozido (8 sabugos)
2 colheres de sopa de azeite
1/2 xíc. de cebola branca miúda, picada
2 dentes de alho em conserva
1/3 xíc. de pimentão verde, picado em cubos pequenos
1/3 xíc. de talo de aipo lavado e picado em cubos pequenos
500 g de tomates, sem pele e sem semente, picado em cubos pequenos
250 g de batatas, descascadas e cortadas em cubos pequenos
1 colher de sopa de sal marinho
1 pitada de pimenta-do-reino (opcional)
2 folhas de louro
3 xíc. de leite integral
3 xíc. de caldo de legumes
salsa e cebolinha picada para enfeitar

Retire os grãos de milho cozido com uma faca. Reserve 2 xícaras. As 2 xícaras restantes, bata no liquidificador com o leite. Coe e reserve.

Aqueça uma panela funda, coloque o azeite e refogue a cebola até que comece a corar, junte o alho e misture bem. Junte o pimentão, o aipo, e refogue por mais 10 min. Junte a batata, o sal, o louro e os grãos do milho.

Misture bem e deixe refogar por mais 10 minutos. Acrescente o caldo de legumes e misture. Quando levantar fervura, abaixe o fogo e cozinhe por 20 min. em fogo brando.

Acrescente o leite batido levemente aquecido, os tomates e deixe ferver novamente por 5 min.

Sirva com a salsa e a cebolinha picada enfeitando.

Moqueca vegetariana
de banana-da-terra e pupunha

Faça um molho ou camadas com estes temperos: coloque numa panela o mínimo de azeite (1 colher de café) e junte 1 cebola, 1 tomate, 1/2 pimentão vermelho em lâminas finas, coentro, pupunha em rodelas finas e bananas-da-terra em rodelas finas de 1 cm (2 xíc. de cada ou a gosto).

Cubra com 1 xíc. de leite de coco e 2 xíc. de caldo de legumes; salpique 1 colher de sobremesa de açafrão, sal e pimenta dedo-de-moça, se gostar.

Você pode bater tudo no liquidificador: o caldo, leite de coco, tomate, cebola, 1 dente de alho, pimentão e sal.

Depois de batido coloque as bananas, as pupunhas e o coentro picadinho para cozinhar neste molho, por 12 min. Prove e sirva.

Se quiser, acrescente um filé de peixe junto com as bananas e pupunhas. Se gostar de óleo de dendê, use um pouco. Cozinhe por uns 10 a 12 min. e prove o peixe.

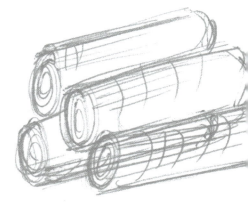

Espiritual de legumes

1 xíc. de cenoura em lâminas
1 xíc. de abobrinha em lâminas
1 1/2 xíc. de brócolis em pedaços – do mesmo tamanho dos outros legumes
1/2 xíc. de cebola fininha, se gostar

Cozinhe os legumes separados num bom caldo de legumes com sal por 1 min. Separadamente, dê um choque nos legumes na água gelada para ficar *al dente*. Coloque os legumes num refratário que vá ao forno. Depois cubra com uma camada fina de molho branco.

Molho branco

400 ml de leite
2 colheres de sopa de farinha de trigo
sal, pimenta do reino e uma pitada de noz-moscada
2 colheres de sopa de parmesão

Leve ao fogo mexendo sem parar até engrossar, como um creme.

Cobertura

1 1/2 xíc. de pão ralado
1 xíc. de parmesão
Misture e cubra o pirex.

Salpique uns 6 pedacinhos pequenos de manteiga por cima, e leve para dourar no forno.

Quinoa com legumes

Faça um caldo para cozinhar a quinoa com água, cardamono, casca da laranja sem a pele branca e 1 anis- estrelado (ou faça um caldo com o que você tiver em casa).

Cozinhe por uns 19 min. e prove se está do seu gosto. Depois coe o caldo e separe a quinoa.

Pique os legumes em cubinhos:
1 cenoura
1 berinjela
1 abobrinha
1 alho-poró
1 cebola
1/2 xíc. de vinho branco

Pegue 1 colher rasa de sobremesa de óleo ou azeite e coloque na panela, depois acrescente a cebola e mexa por 1 minuto. Coloque o resto dos legumes e mexa mais 2 min.

Agora coloque as ervas frescas: hortelã, manjericão ou a erva seca que você tiver. Coloque o vinho, sal e um pouquinho de água, mexa 8 min. Prove e veja se esta *al dente* ou do seu gosto.

Agora, ao esfriar, separe o caldo e junte a quinoa já cozida.

Pique hortelã, salsinha, cebolinha ou manjericão.

Legumes assados no forno

Pique abobrinha e berinjela em pedaços de 3 cm e corte de meia lua.

Se gostar, coloque cebola, alho, tomate seco ou fresco. Acrescente ervas frescas (manjericão, tomilho) e regue com azeite e sal.

Leve ao forno por uns 20 a 30 min. (fique de olho, okkkk!!) até dourar. Se gostar, coloque pedaços de mussarela de búfala e deixe por mais 4 min. no forno. Sal e pimenta moída na mesa a gosto.

Beterraba cozida acre-doce

1/2 beterraba com casca
1 litro de água
1/2 xíc. de vinagre branco
3 colheres de sopa de açúcar
3 colheres de sopa de sal

Cozinhe a beterraba até ficar macia. Retire a casca. Corte em lâminas finas. Salpique hortelã picada e gergelim torrado.

Curry de legumes com tofu

1 pacote de tofu (corte em cubinhos)
um pouco de óleo de canola
1/2 cebola em lâminas finas
1 cenoura em rodelas finas
um pouco de funcho em lâminas finas: dê uma fervura
em separado com água quente, por 5 min.
1 xíc. de brócolis picados
1 xíc. de cogumelos em lâminas
200 ml leite de coco
1 colher de sopa cheia de curry
1 pitada de canela em pó, cravo e páprica
1/2 xíc. de tomilho e coentro fresco picadinho
2 colheres do suco do gengibre espremido
sal a gosto

Dica:

Se você gostar, acrescente o suco de 1 maracujá
(também chamo esta receita de *Curry de maracujá*).

Comece com o óleo e as cebolas; mexa por 1 min. e
coloque os temperos secos. Mexa novamente e, agora,
coloque o tofu; mexa mais 1 min. Depois acrescente o
resto dos ingredintes, 2 xíc. de caldo de legumes e mexa
com carinho.

Corrija com sal no final.

Sirva com arroz do seu gosto e misture com coco ralado,
hortelã picadinha, castanhas e bananas-passas picadas.

Torta de banana integral

18 a 24 bananas nanicas maduras, em tiras finas
1 xíc. de farelo de trigo
1 1/2 xíc. de farinha de trigo integral
1 1/2 xíc. de granola
1 1/2 xíc. de aveia fina
2 xíc. de açúcar mascavo fino
1 copo de óleo de girassol

Corte 15 bananas em tiras finas e separe.

Faça a farofa: junte o farelo de trigo, a farinha integral, a aveia, o açúcar e o óleo, e monte a torta. Unte a forma com óleo.

Coloque um pouco da farofa, depois as bananas em tiras ou rodelinhas; coloque mais farofa, mais bananas em tiras ou rodelinhas e farofa novamente.

Agora amasse 8 bananas com canela e açúcar, misture bem e cubra a torta com papel alumínio. Leve ao forno por 15 min., a 180°.

Depois retire o papel alumínio e leve ao forno por mais 15 a 20 min. Deixe esfriar para retirar da forma.

jantar com sabor da
Tailândia

Camarão grelhado
com legumes, noisettes de melão e molho acre-doce

PARA: 2 PESSOAS

Pegue 12 camarões médios, limpos, com o rabinho, tempere com sal e pimenta branca.
Grelhe rapidamente com o mínimo de óleo.

Refogue os legumes nesta ordem:
1 colher de óleo de canola
1/2 cebola picada
1 dente de alho picado

Mexa por 2 min. e coloque:
1 xíc. de brócolis (em pedaços)
1 xíc. de cenoura (em lâminas finas)
1/2 xíc. de aipo (em lâminas finas)

Mexa por 3 min. e acrescente:
1 xíc. de molho de tomate
30 ml de saquê
20 ml de vinagre
2 colheres de sopa de açúcar
sal e pimenta
alecrim

Deixe cozinhar por 3 min., junte 1 xíc. de bolinhas de melão e mexa por mais 2 min. (use o cantaloupe, aquele cor de laranja por dentro).

Sirva com arroz.

Marinada de lula com leite de coco e açafrão

PARA: 2 PESSOAS

Marine tudo junto por 2 horas na geladeira:
400 g de lulas limpas em rodelinhas
500 ml de leite de coco
1 colher de sobremesa de açafrão
1 colher de sobremesa de curry
suco de 2 limões sicilianos

Depois seque bem as lulas e leve para grelhar. Sirva sobre nabo e cenoura ralados finos, feito cabelinhos, com brotos-de-feijão, e faça uma "caminha" para colocar por cima as lulas e cebolinha verde picadinha.

Ou faça trouxinhas com acelga e as lulas como recheio. Ferva água e coloque as folhas de acelga e deixe descansar por 1 minuto.

Retire e coloque direto numa vasilha com água gelada e gelo para esfriar as folhas.

Deixe secar ou seque com pano, com cuidado, para depois rechear e fazer as trouxinhas.

JANTAR COM SABOR DA TAILÂNDIA

Creme de manga com coco

PARA: 2 PESSOAS

Coloque no liquidificador:
2 mangas picadas
200 ml de leite de coco
200 ml de água
2 colheres de sopa de suco de gengibre
sal

Bata tudo e jogue coentro e pimenta dedo-de-moça picadinhos por cima.

Sobremesa tailandesa

Fatias de abacaxi, manga e banana

Coloque numa frigideira quente com 1 colher de manteiga e grelhe as frutas até começar a dourar.

Coloque 4 colheres de sopa de mel, 2 colheres do suco do gengibre e deixe caramelar 4 min.

Salpique gergelim e sirva com sorvete de limão.

jantar japonês
ichi ban!

Salada de lula grelhada com pepino acre-doce

(VOCÊ TAMBÉM PODE ESCOLHER AS QUANTIDADES A SEU GOSTO NESTA RECEITA, OK?!)

Limpe as lulas (1 kg), separe as cabecinhas e corte as lulas ao meio, na diagonal. Agora, com uma faquinha, faça alguns cortes nas lulas em formato de xadrez, sem cortá-las, faça só rabiscos.

Tempere com um pouco de sal, shoyu e o suco de gengibre por 10 min.

Depois seque bem e leve para grelhar numa frigideira quente com um pouco de óleo; doure por 3 a 4 min. de cada lado.

Retire e salpique raspas da casca do limão siciliano e 1 pimenta dedo-de-moça picadinha, sem as sementes e a pele branca de dentro. Coloque sobre os pepinos já prontos e enfeite com folhas de agrião ou outra folha verde.

Para o preparo dos pepinos:

Corte 5 pepinos em lâminas finas com casca, coloque sal e deixe numa peneira sorando por 20 min. Depois lave-os bem 3 vezes.

Faça um molho: pegue 1 xíc. de vinagre, 3 colheres de sobremesa de açúcar e 1/2 colher de sobremesa de sal. Leve ao fogo por 3 min.; mexa bem até o açúcar e o sal se dissolverem.

Deixe esfriar, jogue o molho por cima dos pepinos e depois salpique gergelim preto e ceboulette.

Frango xadrez

Tempere cubinhos de frango (1 kg) com 1 xíc. de molho de soja por 15 min., depois doure com um pouco óleo de canola e separe.

Agora refogue os legumes: um pouco de óleo, cebola e alho.

Mexa por 2 min. e coloque:
1 xíc. de brócolis picado
1 xíc. de cenoura picada em meia lua
1 xíc. de champignon
1 1/2 xíc. de acelga picada
1 xíc. de *baby corn* (milho em conserva)
Misture tudo e acrescente:
1 1/2 xíc. de água
1/2 xíc. de molho de soja light
2 colheres de sopa de óleo de gergelim
sal

Mexa por 7 min. e junte os cubinhos de frango douradinhos.

Sirva com arroz colorido:

Use arroz branco ou integral já cozido e acrescente:
3 xíc. de ovos mexidos
1 xíc. de cebolinha verde picada
1 xíc. de alho-poró picadinho
gergelim pretinho a gosto

Mousse de lichia

2 1/2 xíc. de polpa da lichia
1 xíc. de creme de leite com soro, bem gelado
1/2 lata de leite condensado, ou adoce com açúcar ou adoçante, do jeito que você gostar, ok?!
1 colher de sopa de gelatina em pó, diluída em um pouco de água quente.

Bata tudo no liquidificador.
Junte 2 claras em neve e mexa com carinho.
Coloque tudo numa forma ou pirex, untada com água, e leve para gelar por algumas horas.
Na hora de servir, enfeite com lichias e folhas de hortelã.

café da manhã
em dia de festa

Sempre sirva:

* frutas frescas
* papaya batido no liquidificador com um pouco de açúcar mascavo – sirva numa tacinha com granola por cima
* iogurte natural
* pães
* muffins
* panquecas ou waffles
* ovos a gosto com torradas
* manteiga, queijos, mel, geléias
* chás, café, capuccino, chocolate quente ou frio
* sucos diversos

Monte seu café do seu jeito e gosto, e curta com a família, os amigos ou com seu grande amor.

Sucos maravilhosos

PARA: 2 PESSOAS

Suco da saúde

2 xíc. de suco de laranja (500 ml a 600 ml)
3 colheres de sopa de beterraba crua
1/2 xíc de cenoura crua

Bata tudo junto e coe.

Agora acrescente:
6 morangos
1 banana
1 mamão papaya
mel

Bata tudo junto novamente e sirva.

Suco para depois que velejar, malhar, andar

1 mamão papaya
8 morangos
1 copo de suco de laranja
2 potes de iogurte (200 ml)
2 colheres de sopa com gérmen de trigo
4 pedras de gelo
mel

Bata tudo junto.

Suco vitamina C

2 polpas de acerola
2 xíc. de suco de laranja
1 xíc. de cenoura ralada
1 pedaço de beterraba
açúcar, mel ou adoçante

Bata tudo junto.

Suco da felicidade (orgânico)

Faça um suco com 6 maçãs (se você não tiver uma centrífuga, bata no liquidificador com 1 xíc. de suco de laranja).

Acrescente:
1 pedaço de cenoura com casca
1 pedaço de aipo
1 pedaço de batata-doce com casca
1 folha de couve
2 colheres de sopa de linhaça triturada
1/2 mão de broto de alfafa ou outro germinado
1/2 mão de broto de clorofila
1/2 mão de capim-limão

Bata tudo muito bem e coe dentro de um pano limpo: vá apertando que o suco sai delicioso, ou passe na centrífuga.

Suco de abacaxi com hortelã, gengibre e mel

4 xíc. de abacaxi picado sem caroço
400 ml de água
1/2 xíc. de folhas de manjericão
2 colheres de sopa do suco do gengibre
mel a gosto

Bata tudo e coe, se quiser (não gosto de coar o meu!).

Néctar dos deuses (3 dicas divinas):

1. Esprema 1 dúzia de tangerina gelada e tome.

2. Pegue 1/4 de melancia gelada, bata no liquidificador, coe e tome.

3. Bata água de coco com goiaba e coe; uma delícia! Se quiser, coloque algumas tâmaras para adoçar.

Pão de cereais

PORÇÃO: 15 BRIOCHES OU 2 PÃES DE FORMA

Misture:
400 g de farinha de trigo branca
100 g de farinha de centeio
8 g de fermento seco

Depois coloque 60 g de açúcar mascavo peneirado e misture. Agora coloque:
30 g de gérmen de trigo
20 g de aveia em flocos
20 g de gergelim preto

Misture e junte:
300 ml de água filtrada, se precisar, acrescente, às vezes, mais um dedinho de água.

Sove bem (sovar é amassar) e coloque:
10 g de sal e 25 ml de óleo de milho

Sove bem até a massa ficar soltando das mãos.

Agora cubra a massa e deixe fermentar por 2 horas, até dobrar de tamanho.

Depois parta a massa em duas partes. Separe em vasilhas diferentes, cubra com plástico e deixe crescer por mais duas horas.

Depois abra a massa usando bem pouca farinha, e molde como pães de forma, brioches ou bisnaguinhas.

Unte a forma com óleo e farinha de trigo, coloque os pães e deixe crescer por mais 2 horas, se o dia estiver meio frio.

Dê uma borrifada de água por cima dos pães e salpique gergelim e aveia por cima.

Leve ao forno quente de 200°, por 12 min; os brioches e as bisnaguinhas, por 18 a 20 min, até dourar.

Retire do forno e coloque sobre uma grade para o pão não suar. Espere uns 10 min. e pode fatiar.

Pode guardar depois de frio num tupperware com tampa por 3 a 4 dias. Isso se sobrar, né?!

CAFÉ DA MANHÃ EM DIA DE FESTA **145**

Pão de batata

45 g de fermento biológico
1 colher de sopa de açúcar
1 colher de sopa de sal
1 copo de água morna
1 copo de leite morno
250 g de batatas cozidas e espremidas
2 ovos
50 g de manteiga com sal
1/2 xíc. de óleo
1 kg de farinha de trigo

Misture o fermento e o açúcar e mexa até virar uma papinha. Junte o restante da receita pela ordem dos ingredientes; por último, a farinha, colocando aos poucos até a massa ficar bem homogênea, lisa e soltando das mãos.

Agora cubra com um pano úmido e deixe dobrar de tamanho.

Depois modele os pães com recheio dentro, a gosto. Coloque numa forma e deixe crescer até dobrar de tamanho.

Leve ao forno de 180° até dourar.

Retire e coloque para esfriar um pouco sobre uma grade para não suar.

Nunca guarde o pão quente, se não vai suar e mofar.

Cream cheese

3 copos de requeijão (ou 750 ml)
1 copo de maisena
1 xíc. de manteiga sem sal

Leve ao fogo e mexa até virar um creme.

Quando esfriar, coloque 1 lata de creme de leite com o soro e bata na batedeira por 10 min.

Agora leve para gelar por 12 horas.

Depois retire da geladeira e bata com batedor de metal, para clarear e ficar cremoso.

(Esta receita rende 1 kg)

Financiers
(bolinhos de amêndoas)

125 g de açúcar (mais ou menos 1 xíc.)
125 g de amêndoas descascadas e processadas em pó
70 g de manteiga sem sal = 3 colheres de sopa
2 ovos
20 g de farinha de trigo

Derreta a manteiga. Misture as amêndoas, junte o açúcar e os ovos, no final a farinha de trigo.

Unte forminhas de empada bem pequenas com manteiga e farinha de trigo.

Coloque em forno quente, por 12 min.

Biscuit de savoie
(biscoitinhos de fécula de batata)

125 g de açúcar
65 g de fécula de batata
4 ovos
1 pitada de sal
20 g de manteiga sem sal para untar a forma
1 forma de 22 cm de diâmetro

Separe as claras e bata as gemas com o açúcar.
Vá colocando, pouco a pouco, a fécula de batata.

Bata as claras em neve com o sal e junte tudo
delicadamente, até obter uma massa homogênea.

Unte a forma e leve ao forno, por 20 a 30 min.

Fique de olho!

Madeleines em forma de conchinhas (ou minibolinhos)

5 ovos
150 g de manteiga com sal (e mais um pouco para
untar as forminhas)
200 g de farinha de trigo
200 g de açúcar
8 gotas de água de laranjeira
1 pitada de sal

Separe as claras das gemas e bata em neve com
uma pitada de sal. Derreta a manteiga lentamente
numa panela. Bata as gemas com o açúcar e junte a
água de flor de laranjeira.

Vá juntando as claras em neve e a farinha de trigo,
aos poucos, até obter uma massa homogênea.
Coloque em forminhas de conchas – caso não tenha,
coloque em formas de miniempadinhas –, sempre
untadas. Coloque no forno quente, por 10 min.
Espere esfriar e passe no açúcar de confeiteiro.

Muffin de banana

1 1/2 xíc. de farinha de trigo
1 1/2 xíc. de banana nanica amassada
1 xíc. de nozes pecan picadas ou castanhas-do-pará
3/4 xíc. de açúcar
1/2 xíc. de manteiga derretida sem sal
1/4 de xíc. de leite
1/2 colher de sopa de gengibre em pó ou 1 colher de sobremesa do suco de gengibre
1 1/2 colher de chá de bicarbonato de sódio
1 ovo grande
1 pitada de sal
1 pitada de noz-moscada
38 forminhas de papel com 5 cm de diâmetro

Numa tigela misture a farinha, o bicarbonato, o sal e a noz-moscada.

Em outra tigela, misture o purê de banana com o açúcar, o leite e o ovo.

Agora misture as duas porções, coloque as nozes e mexa.

Distribua a massa entre as forminhas preenchendo até 3/4 delas.

Asse por 15 a 20 min. em forno médio, até que, ao enfiar um palito no meio do muffin, o palto saia seco.

Retire do forno e deixe sobre uma grade por 5 min. Sirva ou desenforme, se quiser.

Muffin de cenoura, coco e nozes

2 xíc. de farinha de trigo
1 1/2 de xíc. de açúcar
1 xíc. de cenoura ralada
1 xíc. de óleo de milho ou girassol
1/2 xíc. de coco em flocos
1/2 xíc. de nozes picadinhas
2 colheres de chá de bicarbonato de sódio
2 colheres de chá de canela em pó
2 colheres de chá de baunilha
3 ovos grandes
1 maçã verde ralada
1 pitada de sal
16 forminhas de papel com 6,5 cm de diâmetro

Numa tigela misture a farinha, o bicarbonato, a canela, o sal e o açúcar.

Em outra tigela misture os ovos, o óleo e a essência de baunilha.
Acrescente a mistura com os ovos e depois junte a farinha com os ingredientes secos e mexa.

Coloque 3/4 da massa nas forminhas e leve ao forno por 15 a 25 min., até quando, ao enfiar um palito no muffin, ele saia sequinho.

Massa de waffle

1º passo
Junte esses produtos secos e peneire tudo numa vasilha:
175 g farinha de trigo
2 colheres de chá de açúcar
1/2 colher de chá de sal
2 colheres de chá de fermento em pó

2º passo
Bata 2 gemas e acrescente 225 ml de leite

Agora junte tudo, acrescente 2 claras em neve e misture com carinho.

Leve à geladeira por 20 min. Depois é só preparar o waffle na máquina, untando primeiro com um pouco de manteiga.

Sirva com geléia de morango ou com manteiga e mel.

Geléia de morango:
3 xíc. de morangos picados
1 xíc. de açúcar
1/2 xíc. de água

Mexa bem e deixe cozinhar até caramelizar (aprox. 15 min.)

Sirva quente sobre o waffle e com uma bola de sorvete.

festa junina
com tudo o que tem direito

Churrasquinhos

Faça vários espetos assim:
Palitinho umedecido na água
Pedacinhos de frango ou carne temperados com
sal grosso moído
Pedaços de lingüiça, cebola e tomate
Salsichão com pequenos cortes em volta

Leve para grelhar.
Sirva com farofa e molho à campanha.

Molho à campanha

300 ml de azeite
100 ml de vinagre
suco de 1 limão
sal
4 colheres de salsinha picadinha
1 colher de sopa de orégano
2 alhos picadinhos

1/2 pimentão (se gostar)
3 tomates picadinhos
1 cebola-roxa ou branca picadinha

Misture tudo. Prove e veja se precisa de mais sal ou vinagre, azeite etc.

Delícia de servir

Aipim cozido com manteiga ou melado.

A batata-doce também fica boa com melado.

Milho cozido ou assado, batata-doce com casca, banana com casca, tudo assado na brasa também fica delicioso para acompanhar.

Caldo verde

PARA: 8 PESSOAS

1 1/2 kg de batata-inglesa picadinha, batata-baroa ou inhame (também dá certo)
2 paios
4 folhas de louro
1 cebola picadinha
3 dentes de alho socadinho
1 maço de couve cortada fininha
30 ml de azeite
sal

Doure no azeite o alho, a cebola e as batatas cruas por 2 min.; junte o paio picado sem a pele.

Coloque água ou caldo de legumes o suficiente para cobrir as batatas e sobrar 3 dedos acima, coloque o louro e o sal, e deixe cozinhar até as batatas se desmancharem.

Quando estiverem cozidas, separe 1 1/2 xíc. da sopa e bata no liquidificador; depois junte o restante da sopa e mexa.

Prove o sal, coloque pimenta se gostar e a couve fininha na sopa quente, na hora de servir. Okkkkkkk?

Cocada

Com leite condensado

1/2 kg de açúcar
250 ml de água
1 colher de sopa de Karo ou mel
1 kg de coco ralado
1 lata de leite condensado

Maracujá

calda básica para cocada de maracujá: a mesma receita.
é só usar o maracujá (1 copo) no lugar da água.

Abacaxi

A mesma receita, no lugar da água, 1 copo de abacaxi
maduro picadinho.

Nozes

A mesma receita, calda básica com 2 xíc. de nozes
picadinhas.

Modo de preparo:

Leve ao fogo açúcar, água, glicose. Não mexa até dar o
ponto de calda grossa. Coloque o coco e mexa até a
calda secar.

Junte o leite condensado e mexa até soltar da panela,
coloque agora o sabor desejado. Mexa.

Coloque sobre o mármore e bata até esfriar.
Modele as cocadas com 2 colheres de sopa.
Fica igual ao acarajé. Forminhas de papel para servir.

Pé-de-moleque com rapadura

2 1/2 kg de rapadura
300 ml de água
2 1/2 kg de amendoim tipo 1, sem pele

Coloque a rapadura picadinha com água e mexa
até levantar fervura e soltar do fundo da panela.
Adicione o amendoim e vá mexendo por mais
5 min.

Fique de olho no ponto certo!
Em uma travessa ou mármore forrado, abra a
massa e deixe por 30 min; depois é só cortar para
servir.

Dica:
O ponto não pode ficar nem mole nem duro
demais.

Pé-de-moleque gigante

3 litros de melado de cana-de-açúcar
2,8 kg de açúcar cristal
1,4 litro de glicose de milho (Karo)
6 kg de amendoim tipo 1, sem pele

Em um tacho, em fogo médio, coloque o melado,
o açúcar cristal, o Karo e mexa por mais ou menos
20 min., até virar uma calda grossa.

Acrescente o amendoim e mexa por mais 5 min.
Em uma superfície de mármore, passe manteiga em
um papel celofane e despeje a mistura por cima.
Se quiser, coloque a mistura dentro de um aro.

Espere esfriar por 1 hora e sirva.

Queijadinha

3 ovos
1 xíc. cheia de açúcar
4 colheres de sopa de queijo ralado
1 1/2 de leite de condensado
2 pacotes de coco ralado, hidratado ou fresco

Bata tudo no liquidificador e, por último, a parte
seca. Depois unte o papel-manteiga com manteiga
e farinha e coloque-o numa forma bem untada
com manteiga. Coloque a queijadinha e leve para
assar em forno a 180°, até dourar.

Esta receita é imperdivel! Fica deliciosa para as
festas de aniversário!

Dica:

Você pode utilizar formas de papel, próprias para
quindim, brigadeiro ou empadinha, vendidas nas
lojas de doces e salgados.

Curau de milho

10 espigas de milho verde
2 litros de leite integral
5 xíc. de açúcar
1 colher de chá de sal
canela em pó

Rale o milho em um ralador grosso.
Junte 1 litro de leite e misture tudo (o milho, os
sabugos e o leite).

Pegue um pano limpo e aperte bem sobre a
panela.

Coloque o outro litro de leite, açúcar, sal e mexa
por 90 min., sem parar. Coloque em copinhos;
jogue canela em pó por cima.

Canjica de milho branco

1 kg de canjica: deixe de molho com muita água, da noite para o dia. Agora use a mesma água e acrescente:

5 pedaços de canela
10 cravos
1 colher de chá de noz-moscada ralada
Pedaços da casca do limão sem a pele branca

Deixe cozinhar até ficar bem macia; depois coloque:
2 litros de leite
2 latas de leite condensado
1 litro de leite de coco
200 g de coco em flocos
1 xíc. de açúcar (no final, se você achar necessário)

Mexa de vez em quando para não grudar no fundo da panela, até ficar cremosa e começar a ferver. Desligue o fogo e mexa por mais 2 min.

Prove e corrija o açúcar se precisar.

Retire os pedaços de canela em pau, da noz-moscada e da casca do limão.

Arroz-doce

3 xíc. de arroz branco
2 a 3 litros de leite
2 xíc. de açúcar
6 cravos
3 pedaços de canela em pau
1 anis-estrelado
3 pedaços de 3 cm da casca de limão, sem a pele branca

Cozinhe 3 xíc. de arroz branco redondinho em 1 1/2 litro de leite, no fogo baixo, sem deixar ferver, com canela em pau, cravos, anis-estrelado e a casca do limão.

Quando o leite começar a secar, acrescente mais; tem que ficar bem molhadinho porque, depois, ao esfriar, ele seca se não estiver cremozinho, ok?!

Quando o arroz estiver macio, acrescente o açúcar a gosto, mexa e deixe por mais uns 5 min.
Deixe esfriar e sirva.

Dica:
Adoro fazer com arroz arbóreo, mas pode fazer com o comum mesmo, só não pode parar de mexer. E só pode colocar o açúcar quando ele estiver bem macio, ok?! Igual a um risotto.

Broa de milho

200 g de fubá
200 ml de água fervendo
Misture bem com as mãos até virar uma farofa.

Agora coloque no fogo junto com:
800 g de farinha de trigo
1 colher de chá de erva-doce
3 ovos
2 colheres de sopa de manteiga sem sal
Em separado prepare – para depois juntar tudo:
1/2 xíc. de açúcar
60 g de fermento biológico
1 colher de chá de sal

Dissolva o fermento e junte 100 ml de água à temperatura normal.

Misture tudo, junte a receita toda e sove por 10 min.
Cubra com papel filme por 15 min.

Depois corte em 12 pedaços para fazer as broas de 10 fatias.

Faça as bolinhas e pincele com gema batida e depois o fubá.

Deixe crescer num tabuleiro untado por 90 min.
Leve ao forno quente por 30 min. até dourar.

Dica:

Se quiser, antes de ir ao forno, faça cortes na massa como um jogo-da-velha; ficará bonita e crocante!

Bolo de mandioca com coco

2 xíc. de mandioca ralada
3 1/2 xíc. de açúcar
3 colheres de sopa de margarina
1 colher de chá de fermento em pó
4 ovos
1/2 colher de chá de sal
100 g de coco ralado

Derreta 2 xíc. de açúcar até formar um caramelo. Espalhe no fundo e nas laterais da cada forma.
Bata o açúcar restante com a margarina e as gemas até virar um creme.

Bata as claras em neve e junte ao creme.
Agora coloque o fermento e mexa delicadamente.
Adicione aos poucos o coco, a mandioca e o sal.

Mexa devagar e despeje na forma com caramelo. Leve em banho-maria, em forno pré-aquecido a 180°. Fica pronto quando enfiar o palito e ele sair sequinho.

Desenforme frio.

Bolo de cenoura

2 cenouras grandes raladas (ou 2 bananas nanicas maduras amassadas)
3 ovos
1 xíc. de óleo de canola
2 xíc. de açúcar
2 xíc. de farinha de trigo
2 colheres de sobremesa de fermento em pó

Bata no liquidificador os ovos, as cenouras, o óleo, depois acrescente o restante da receita (pode bater numa bacia, se o liquidificador não conseguir).

Finalize numa bacia, sempre colocando a farinha de trigo peneirada aos poucos.

Leve ao forno para assar (180°) em forma untada com margarina e farinha de trigo.

Asse até o meio do bolo ficar sequinho, por mais ou menos 25 min. Espere esfriar para desenformar.

Cobertura
2 colheres de sopa de margarina
3 colheres de sopa de açúcar
3 colheres de sopa de achocolatado
3 colheres de sopa de leite

Leve todos os ingredientes ao fogo até dissolver bem. Faça alguns furinhos no bolo para a calda penetrar. Coloque a cobertura sobre o bolo ainda quente.

Dica:
Pode fazer um brigadeiro mole, sem endurecer muito, e colocar sobre o bolo.

Bolo de milho

3 ovos
1 xíc. de chá de leite de coco
1 xíc. de chá de fubá
1 xíc. de chá de açúcar
2 xícaras de chá de farinha de trigo
1 colher de sopa de fermento em pó
200 g de manteiga sem sal

Bata as gemas com o açúcar e a manteiga até virar um creme. Acrescente, aos poucos, a farinha de trigo já misturada com fubá e o leite de coco.

Bata mais um pouco e coloque o fermento mexendo bem. Bata as claras em neve e acrescente à massa, misturando aos poucos e levemente. Se gostar, pode colocar erva-doce.

Coloque na forma untada e leve ao forno médio até dourar. Na hora de servir polvilhe com canela.

Sorvete de milho

Rale o milho verde como para o curau, passe numa peneira e retire o leite.

Para 1 litro de leite de milho, coloque 1 litro de leite. Adoce com açúcar e coloque 4 gemas coadas. Leve ao fogo até engrossar.

Agora passe numa peneira fina e, depois de frio, leve para congelar em potinhos ou num pote.

Bebidinhas deliciosas

Quentão
2 litros de vinho tinto
1 litro de cachaça
açúcar a gosto
6 paus de canela
10 cravos
1 anis-estrelado

Deixe ferver e vá esquentar a sua alma e pular a fogueira, iaiaiaaa!!!!!

Alexander
1 litro de vodka
300 g de leite condensado
300 g de creme de leite
1 colher de sopa de canela em pó
100 ml de licor de café, Kailua ou Tia Maria
10 pedras de gelo

Bata tudo no liquidificador ou sacuda bem.

Agradecimentos

Eu agradeço e dedico este livro a todos vocês meus amigos:

ao Marcus Gasparian, por ser o padrinho de todos os meus livros e por sempre ter abraçado meus sonhos e idéias, tornando-os realidade.

À família Gasparian e à equipe da Paz e Terra, à Katia, à Cida, vocês são milll!!!! À minha família querida, que sempre me dá a maior força e o maior carinho; ao meu filho Matheus, minha mãe Baby, irmão Lê, cunhada Fátima e sobrinhos Carolina e Rodrigo, Olguinha e à tia Sheila, à tia Gata Sandra, à prima Lourdinha e família, ao Chico primo e à tia Regina e aos primos, e à minha mãe preta dona Divina. ADORO vocês todos!

À Leda Nagle, por sempre ser tão querida e generosa ao divulgar os meus livros no meu programa favorito *Sem Censura* – tenho até um fã-clube graças ao programa!

À Maria Lucia Braga, por ser tão querida, sempre acrescentando momentos divinos em minha vida e de todos que lhe cercam.

À Márcia Braga, por ter me dado uma linda afilhada, Duda, por nossas viagens e por você ter-me indicado a Mucki para fazer um dos melhores cardápios da minha vida.

À Mucki e ao Arthur Baia, por terem me apresentado o paraíso! É o hotel *Fazenda da Lagoa*, o mais lindo que já fui na costa brasileira, onde pude levar o meu filho para curtir os melhores dias de sua vida, surfando muito com a tia Mucki.

Agradeço muito à Anna Sharp por ser esta Luz Divina, Irradiante, com tanta Sabedoria para dividir com todos que a conhecem. Anna, você é uma Vênus! A minha vida está tão mais colorida agora!

À Denise, Marcinha e equipe, por cuidarem com tanto amor do meu Sorriso, supertalentosas e tão lindas, com mãos de fadas.

Ao dr. Givaerd e família e toda equipe brilhante, que me salvaram no momento mais difícil por que passei; não tenho palavras, e só peço sempre aos meus deuses que dêem muita saúde e amor a vocês todos. Obrigada mesmo!

À dra Ida, tão querida.

Ao Kleber, por me ensinar a meditar, é bom demais, é a minha cachacinha – não dá pra ficar sem ela um dia!

À Marcia, ao João e toda equipe de funcionários e cozinheiros – trabalhamos juntos e eu assino o cardápio do hotel mais lindo na Serra, o hotel *Parador Maritacas*, onde vou sempre, outro paraíso!

À Lulu e toda sua família, donos do meu restaurante favorito, o *Celeiro*, que sempre me dá dicas maravilhosas e ótimas indicações de trabalho; vocês são todos uma linda Rosa!

À Andréa Tinoco e ao Senac, por tantos cursos que ministrei, onde conquistei amizades entre os alunos e cozinheiros.

À Regina, amigona, que me ensinou a fazer massas frescas deliciosas e é sempre muito amiga.

Ao Joca e à Márcia Pierão, por terem feito tantas aulas e jantares dos mais variados, onde curti muito, e vocês sempre tão queridos. Joca, você virou um grande chefe.

Ao Carlinho Smith, o mais novo papai da turma, por ter me dado a oportunidade de participar do meu primeiro concurso de receitas, em Búzios, em 2006; competi com 48 restaurantes e tirei o 1° lugar. Este ano estaremos juntos concorrendo de novo.

À Simone e ao Carlos, que sempre me salvam com todo carinho; ela me cedeu o marido para resolver as panes do meu computador para finalizar este livro. Carlos, você é 10!

À Claudia Guerra, que faz os mais belos uniformes, os quais uso sempre e fazem o maior sucesso; à San, chef que dá o maior colorido no meu visual de trabalho. Você, amiga, é tudo de bom sempre!

Ao caríssimo amigo Sergio Pagano, que foi sempre tão genial comigo, ilustrando meus livros com suas lindas fotos. Sempre sonhei em ter uma foto feita por você; depois o conheci, e vi o quanto você é *bello*, além de talentoso!

À Cissa Guimarães, tão querida, generosa com todos, e irradiando alegria por onde passa.

Agradeço a Deus todos os dias por eu ter e ser:

RICA – Tenho um filho lindo, uma família querida e os melhores amigos do mundo, meus trabalhos, meus livros e viagens.
AMADA – Meu filho, Minha Família e Amigos, João de Deus, Amma e Anna Sharp.
SAUDÁVEL – Por tudo que tenho e sou nesta vida.

OBRIGADAAAAAAAAAAAAAAAAAAA A TODOSSSSSSSSSSS!!!!!!!

Este livro foi impresso em 2007
pela Editora Paz e Terra